オトコゴコロ

摩訶《まか》不思議な「男子」についての質疑応答150

赤羽　建美［著］

はじめに

この本を手に取ってくれたあなたへ

僕がこの本を書いた一番の目的は……。

それは、あなたに耳年増《みみどしま》になってほしいからではありません。

耳年増とは、実体験はほとんどないのに、知識だけはやたらに豊富な女子のことです。

僕は言いたい。

知識は後まわしにして、先にいろいろと体験してほしい、と。

いくら知識をいっぱいつめこんでも、異性を理解したことにはなりません。

大切なのは、知識よりも体験なんです。

確かにこの本には、男子に関する知識や情報がぎっしりつまっています。

でも、それを全部覚えてほしいとは思いません。男性とつきあっていて、「あれ、彼はいったい、何を考えているんだろうか?」と疑問を感じたときの参考にしてほしいのです。

＊

男と女の間には、溝があります。

そして、それは永遠になくならないでしょう。

でも、お互いを理解しようとする気持ちは大切です。

男性にモテる女性とは、男性にコビる女性ではありません。

女子の皆さんの中には、そう思っている人もいます。

しかし、実際は違います。

男性について多くの知識を持っている女性ではありません。

モテる女子とは、男子のことを理解しようとする人のこと。

そういう女性の気持ちは、男性にもちゃんと伝わります。

男子がよく使う「かわいい子」という言葉の意味には、女性の外見だけではなく気持ちのかわいらしさも含まれています。

＊

男性について最もわかりにくいのは、セックスに関する事柄だと思います。

男性の心理よりも男性の生理の方が、女性には多分理解しにくいでしょう。

この本では、かなりのページを男の性についてさきました。

あなたが直接彼に質問しても、おそらく正直には答えてくれないし、あるいは彼自身にもよくわかっていないこともあります。

そこで、男性である著者の僕が、こんなところまで書いてしまっていいのかという内容を、事細かくわかりやすく説明しました。

読んだあなたは、必ず納得することでしょう。

そして、男性の性に関して、誤った先入観や決めつけを持たなくなるはずです。

＊

この本を手に取ってくれたあなたと異性の関係が素敵なものとなるよう、原稿を書き終えた僕は願っています。

赤羽建美

Contents

Chapter 2

男子の下半身にあるアレについての数々の謎

Chapter 3

男にとって人生最大の出来事、女子との出会い

Chapter 4

デートの最中、男たちが密かに考えている、いろいろなこと

Chapter 5

電話＆メールなど恋愛ツールを、男子はどう使う？

Chapter 6

彼女といても他の女性に目がいくという男の困った習性

Chapter 7

つきあっていても、男と女ではこんなに違う

Contents

Chapter 8

男と女、それぞれの浮気をどうするのか

Chapter 9

セックスに関する男たちの本音を暴露

Contents

Chapter 10

失恋の痛手から、なかなか立ち直れない男たち

Chapter

1

男子が女子に知られたくないことは？

子供のころ、なぜ好きな女の子をいじめるの？

いじめてるように見えるけど、男の子本人には、そのつもりはない。

あれは、かまってるんです。

なにしろ子供だから、どうやって女の子の気を引いていいのかわからず、つい乱暴なことをしたり、言ったりしてしまう。まあ、そのへんは、子供ながらのテレかくしの意味もある。男子は女子に比べたら、ずっと恥ずかしがりやだと思ってください。これは、成長してからもあまり変わらない。

だからって、大人になってからも、女の子をいじめる男性はいない。じゃあどうなのかというと、話しかけるきっかけを待っているうちに、女性慣れした男に、先に声をかけられてしまう。しかも女性は、そういう男についていくので、シャイな男性は、ますます引っ込みじあんになってしまう。

子供のころに男の子が、つい好きな女子をいじめてしまうのは、だから男性の不器用さの表れだと理解してほしい。

いじめてるんじゃなく、かまってるつもり！

なぜ、スカートめくりが好きなの？

もちろん、性的な理由しかありません。

スカートの中は、男の子にとっては知りたくてたまらない場所。知りたいという欲求をおさえきれずに、つい実際、行動にうつしてしまう。ストレートといえばストレートなんです、男子は。バカといえばバカですが、それが「男の子らしさ」でもあるわけです。

でも、そんなふうにする男子を、「いやらしい！」と軽蔑しないでほしい。彼らにとってそれは、一種の通過儀礼（もとの意味は、七五三のような「大人になるための儀礼」だけど、ここでは「大人になるために通る段階」という意味で使っている）のようなものだから。

その証拠に、中学生になってもそれをする男子は、まずいない。するようでは、変態と呼ばれてしまう。変態呼ばわりされたくない、成長した男子はどうするのか？　ストレートな行動にはうつさずに、ひたすら妄想にふける。想像するんです。いったい、どうなっているんだろう、と。

平気でスカートめくりができたころをなつかしみながら、想像をめぐらす男子たち。

やっぱりバカかな？

「どーなってんの？」という探究心がそうさせる！

小学生はなぜ平気で「うんこ」とか言う?

これはスカートめくりとは違って、女子にむけてではなく、同性の男子にむかっての言葉。男の子同士の会話によく出てくる、他にも汚い言葉はいろいろあるけど、どれにも共通しているそれらを使う理由というのがある。

仲間の男の子たちに、「弱いヤツ」と思われないため。一種の強がりのために、わざわざそんなふうに言うのです。

あえてそういう汚い言葉を使って、自分の強さをアピールする。「強さ」とは、言いかえると、「男らしさ」であって、子供のころから男子はそれを意識している。男同士の間では無意識のうちに、「男らしさ」がお互いに求められています。男の子なのに女っぽい男子は、けっして尊敬はされない。

「うんこ」と堂々と言える自分。それを他の男子たちに見せつけたい。そうすれば、ナメられはしないと、子供ながらに知っている。男として生きる知恵を小学生の時から、すでに持っているのは、すごいといえばすごいこと。

他の男子への強がりの意味がある!

ゲームの攻略技とかの「技《わざ》」を好むのはなぜ？

男子は、「技術」あるいは「テクニック」を重視します。

自分の「技」がうまくいった時、男子は快感を強く感じる。

では、どうしてそんなに「技」にこだわるのか？

「技」がうまくいった、つまりそれは、他の男子に勝てたことを意味します。そう、男性は常に同性と競争している意識が強い。女性ならば、「私は私」と、最初からマイペースなのだけど、男性にはそれがなかなかできない。どうしても、自分以外の男と競ってしまう。そして、競争に勝つためには「技」が必要なんです。「技」にこだわる理由は、そこにあります。

しかも、人から教えられた「技」だけでは満足できずに、自分で「技」をあみ出そうとする。こうなるともうマニアの世界なんだけど、競争意識が強い男性ほどそうなります。女性はマイペースと言ったけど、女性は「技」に無関心なのか？　いいえ、そんなことはない。女性はいちいちそれを意識しないだけで、「技」を使わないわけではない。でも、自分以外の同性に勝とうという意識が、男ほどではないので、「技」をごく自然に使っているのです。

「他の男に勝ちたい」という意識が強い！

クルマとかの機械類が好きなのは、なぜ？

クルマにしろパソコンにしろ、それじたい、非常に論理的なんです。論理的、つまり理屈通りに動いてくれる。ここをこうすれば、こうなると決まっている。何度やっても同じようになる。わかりやすい、かんたんに言えばそういうこと。

その点が、男性にはたまらない魅力。「いったいどうなるのかわからない」という状況は、ほとんどの男性にとって好ましくない。それでは困る。だから、女性を相手にした時、特に女性経験が少なければ少ない男性ほど、女性が理屈通りに動いてくれないことにイライラしてしまう。マニュアル本に書いてある女性と、実際の女性では反応が違うので、男たちはあわててしまう。ところが、クルマやパソコンは、マニュアル通りの動きをする。だから、自分の言うことを聞いてくれるクルマやパソコンを、男性たちはペットのようにかわいがる。それが、女性たちには奇妙に思えるのでしょう。

もちろん男子も、人間と機械が違うのぐらいは知っています。知ってはいるけど、やっぱり自分の意のままに動いてくれる機械類に、どうしても親しみを持ってしまう。

男子は、はっきり説明がつくものが好き！

○○コレクターなど、なぜ何かにこだわりが多い？

自分らしさの表現だから！

男子が何かにこだわっている時、彼は幸福な状態にあります。

もちろん、じゅうぶんに満足しています。

それは彼が、自分らしさを実感できているからです。

この時が一番自分らしい。彼はそう感じている。

自分を表現できているという満足感。それが彼を幸せにする。この場合、だれかといっしょにそうする必要はない。ひとりでいい。というよりも、ひとりでないと、何かにこだわれない。人はひとりひとり違うのだから、当然といえば当然のこと。こだわりとは、もともと個人的なこと。したがって、彼女といえども、立ち入る余地はない。

僕自身、食べ物に関してのこだわりがある。シーザーサラダが気になると、どこのレストランに行っても、必ずシーザーサラダを頼む。そして、味比べをする。これなんかも、一種のコレクター的こだわりだと思う。シーザーサラダによって、僕自身を表現しているわけで、女性にはあまりこういう人はいない気がする。

「すごーい」とホメると、すぐ真に受けるよね？

男子は女子の「すごーい」という言葉に弱い。

いろんな「すごーい」があるけど、男たちにとっては、どれもほとんど同じ意味になる。何かのスポーツができるのを「すごーい」と言われても、勉強ができるのを「すごーい」と言われても、結局は同じように受け取ってしまう。

つまりそれは「男らしい」とホメられたのと同じ。ホメた側の女性にはそのつもりがなくても、ホメられた本人にとってはそうなんです。スポーツだろうと勉強だろうと、何をホメられても「男としてすごーい」なんです。

このあたりの感じは、女性には、なかなかわかりにくいかもしれない。でも、男はそういうものなんだと思ってしまえば、「すごーい」を効果的に使えるようになります。だからって、あまり連発されると、ありがたみがなくなるので、ほどほどにしましょう。

そして、この「すごーい」をさらに深く追究すると、「男性としての機能」が「すごーい」に通じます。だから、男たちはすぐ真に受けるのです。

「男らしい」と言われたのと同じだから！

女子に「優しいね」と言われたら、評価されたと思う？

女性に優しい男だと言われたら、うれしい。しかし、それだけでは、何かもの足りない。だって、男は優しいだけの男はつまらないと思っているから。優しさと強さの両方があってこそ、一人前の男だと本人たちは思っている。優しさだけではなく、強さも女性たちに認めてほしいのです。

もともと「優しい」は、女性たちの方からのホメ言葉。男たちがそれを考え出したわけではない。男の優しさに最初に注目したのは女性であって、男性ではないと僕は思っている。もっとはっきり言ってしまうと、男子は自分の優しさに、意外と気づいていない。女性から言われて、そうなのかと気づく。これが男子本来の姿。

自分の優しさを意識しているのは、女子を誘惑しようとしているプレイボーイぐらいで、普通の男は、けしてそうではない。だから、ある目的のためにだけ女性に優しくする、つまり優しさを武器にするような男は、女性たちにとっては危ない存在。そういうのにあっさりだまされる女子が多いのも事実だけど。

一応の評価だけど、優しいだけの男とは思われたくない！

「男が男にホレる」と「ゲイ」の違いは？

「男が男にホレる」といった場合は、その男の「心意気にホレる」という意味。

心意気とは、具体的に次のようなこと。

理屈っぽくない。「ああ言えば、こう言う」の真反対。

いいわけをしない。謝る時は謝る。

年下の男をバカにしない。年下の男の優秀さをちゃんと認める。

男の友人を大切にする。

負けは負けとして受け入れる。

など、外見には関係なく、精神的な関係を重要視します。では、ゲイとはどんな男性なのでしょうか？　ゲイは、男好きの男のこと。「男と恋愛したい男」といってもいいでしょう。気持ちの面での結びつきはもちろんですが、肉体関係も求めます。がっしりした男が好きとか、太っている男が好きとか、体がどうであるかが重要となります。もちろん、顔についても、濃いのがいいとか、さっぱりしているのが……とか、いろいろ注文をつけます。

「精神」だけか、「精神＋肉体」かの違い！

男同士は女同士と違って、群れることが少ない？

確かに女性みたいには、男たちは群れたがらない。

最大の理由は、どんなタイプの男にも、家長（一家の主）としてのＤＮＡが組込まれているから。いくら男女均等だといわれようと、その家を代表するのが男性なのは、よほどの母系家族を除いて一般的です。

つまり、男たちには、一国一城の主という意識が強いので、お互いを対等な存在として見るのです。時には味方、時には敵だったりするけど、どちらにしても群れることは少ない。これは親しい友人同士の間でも同じです。

だからといって、誤解しないでほしい。男たちは出世したくて、そう意識しているわけではない。むしろ、根本にあるのは、自分の家族を守ろうとする本能のようなもの。家族を脅かす外敵が現れた時に、他の男が守ってくれないのは、どんな男にだってわかっている。だから、男同士群れても何の意味もないわけで、相手に立ち向かうのは、家長として自分だと承知している。あなたが思っているほど、現代の男たちは弱くはなっていない。

「一国一城の主」という意識が強い！

男同士の嫉妬がすごいって、ホント？

男が男に嫉妬する。

主に仕事の現場でのケースが多い。

同期入社した仲間のひとりだけが出世した時など、まわりの男たちの内心はおだやかではない。表面的にはその男を祝福するように見せておいて、実は心の中では、「なんであんなヤツが出世するんだ」と思っていたりする。しかし、それを口に出したりはしない。女性たちだったら、本人のいないところでの、おしゃべりの話題にしたり、気に食わない相手とは、口もきかないなどの具体的な態度をとるだろうが、男たちはそうした直接的な反応は示そうとしない。

男たちの嫉妬は、もっと陰湿である。

例えば、会議の場などで自分が妬む相手の意見にことごとく反対する、あるいは、仕事で妬む相手から協力を求められても消極的な態度をとるなど、あくまでも「仕事上での意見の食い違い」という形をとるようにする。だから、男たちの嫉妬は女たちのそれに比べて、より巧妙かつ意地悪だと言ってもいいだろう。

態度に直接出さないぶん、すごい！

「イケメン」と呼ばれる男子って、どんな男？

男は、二枚目の男には、非常に複雑な気持ちを持っている。

何しろ、世の中二枚目でない男の方が、大多数なんだから。

女子のいう「イケメン」とは、その言葉通りに「イケてる男たち（ｍｅｎ）」のこと。そして、何が「イケてる」かというと、それは顔やスタイルなんだと、男子たちは当然知っている。

知ってはいるけど、男たちは顔がいいだけでは、その男を「イケメン」とは認めたくない。

というよりも、顔はそこそこでも、気っぷのいい（性格が明るく、さっぱりしている）男なら「イケメン」だと、男たちは思いたい。顔がいいだけで女子にモテるような男は、どうせろくなヤツじゃないとまで言いたい。モテることで本人がうぬぼれているところが、気に食わないからだ。

女子の言う「イケメン」は、外見がほぼ１００％。

男子の考える「イケメン」は、気持ちがほぼ１００％。

ここに男女の差がある。そして、この差は永遠になくならないだろう。

外見ではなく、気っぷのいい男！

どうされたら、「モテてる」と思う？

ファンみたいな気持ちで近寄って来る女子は、男からすると迷惑な存在としかいいようがない。特に年齢の低い女子には、このタイプが多い。また、困ったことに、大人の女と呼んでいいような年齢でも、ファン意識が強い女性がいる。もっと乱暴に言ってしまうと、どんな年代の女子にもファン意識がある。そこが、男たちには理解できない。

もちろんここで言うファンというのは、相手が一般人の男子の場合のこと。芸能人の男子に対してなら、ファンというのもわかるが、一般男子に対してもそれだと、非常に困る。ズバリ言おう。男女関係を求めていないのなら、好きになってほしくはないと。ファン意識の強い女子は、自分勝手かつ自己中心的で、中学生みたいに夢見がち。そういう女性に、何人近寄って来られようと、男はモテてるとは思えないのです。

もちろん、最初はファン意識だったとしても、時間が経つにつれて、ふたりの関係が男女のそれに変わるのなら納得できるが、そういうのが苦手だとはっきり言う女子もいる。男からしたら、いい年して夢見る乙女だなんて、気持ち悪い。

リアルな男女関係を求めているのなら、近寄られてＯＫ！

B型男子は適当だと思うけど、自覚ある？

自覚はある。

血液型に関しては、男性もけっこう興味があるので。

なぜ、興味があるのか？

それは、いわゆる占いとは違うと思っているから。男性のほとんどはもともと、占いをあまり信用していない。タロットみたいに、天体の運行まで関係して占いの結果が出るというのは、論理的で理屈っぽい男たちには、いまひとつピンと来ない。

それぞれの血液型による基本性格が、はっきり決められている点が、男にとってはシンプルでわかりやすい。科学的には立証されていないけど、それでも星座占いよりはマシだ、というのが大半の男たちの意見。仮説だとしても、何とか心理学、あるいは、統計学の学説風なところが、男たちの好みに合うのだろう。だから、もちろん自分の血液型は知っているし、それぞれの性格の特徴も知っている。そして、血液型による性格の違いを自分に当てはめて、けっこう当たっていると納得する。

血液型はけっこう気にしてる！

男が女に知られたくないことって？

普通、このことを男たちは隠している。それをここで暴くのだから、男たちからいろいろ言われそうで、僕としては危険（？）を感じてしまう。でも、あなたのためだから、ズバリお答えしよう。それは、運動能力。例えば、泳げない男性は、それを女性には絶対知られたくない。泳ぎを例に出したけど、他にもいろいろある。例えば、球技が下手とか。

そして、スポーツが上手下手よりも、もっと致命的なのは、力がない男性。引っ越しなどの時にすぐにわかってしまうが、普段はひた隠しにしている。場合によっては、女子の方が力があったりして、男子としては面目丸つぶれ。極端なマッチョは、僕もけしていいとは思わないけど、ひょろひょろにやせている男子はまずいと思う。体がしまっていて、筋肉がちゃんとついている。欧米ではそういう体型の男子が、むしろ当たり前。ところが、日本では筋肉に対する意識が遅れていて、筋トレする男性に偏見を持ったりする人もいる。

でも、「力のない男って最低だ」とあなたも思うはず。だから、男の筋肉に関しては、欧米の女性たちのように、もっと素直になってほしい。これ、筋トレオタクの僕からのお願い。

運動能力のレベル！

男が考える「男の価値」は？

それはなんと言っても、仕事での成功ではないだろうか。

だからって、お金をいっぱいもうけたから成功、そういう意味ではない。

プロ野球選手の年俸と、消防士の人の年収を比べても意味がない。

年収がどうかよりも、その仕事でエキスパートになれたら、それは成功といっていい。エキスパートとは達人のこと。達人と呼ばれるようになったら、男としては大成功なんです。そういえば、100歳のサラリーマンという人がいると聞いたことがある。その男性こそ、サラリーマンとしてのエキスパートです。会社がその年になってまで、その人を必要としているのだから、間違いなく達人です。

ところが、現実にはエキスパートになろうとする男性が、僕が若かったころよりも減ったように思える。そこそこの仕事ができればいい。そんなふうに考える男子が、多いような気がする。つまらない世の中になったもんだ。どうせ仕事についたんなら、達人と呼ばれるようになるまでやれと言いたい。この項目だけ（のはず）、僕のグチみたいになってしまった。

仕事で成功すること！

なぜ「勝ち組」とかの強気な言葉が好き？

男は全員、戦士なんです。

兵士として戦争に行かなくても、仕事場が戦場のようなもの。

こんなふうに言うと、最近の若い人たちはそんなふうに考えてはいないと、僕を批判する人がきっと出て来ます。しかし、仕事がヒマつぶしの趣味でない以上、そこには必ず競争があります。会社としては他の会社と競争するし、社内では社員同士で競争する。そうしないと、企業として発展できないからです。よい悪いを言ってても、何も解決しません。女性だって会社に勤めれば、競争と無縁ではいられません。まして、男はなおさらです。

そんな現場に日常的にいると、いろいろな出来事を、勝ち負けで判断する習慣が身についてしまう。そして、言うまでもなく、負けるより勝つ方がいい。だれだって勝ちたい。もちろん、常に勝ち続けることは、まずありえない。負けてもへこたれないためには、いつも強気でいなければならない。だからこそ、強気を表す言葉を男たちは好む。そうやって、自分で自分を叱咤激励しているのだから。

世の中のほとんどの男たちは、戦士だから！

Chapter

2

男子の下半身にある
アレについての数々の謎

どんな時、アレが固くなるの？

アレ、つまりペニスのことですね。そりゃあもちろん、女性のセクシーなポーズを見て、エッチな想像をした時です。だからって、水着でなくてもいいし、ヌードでなくもいい。露出度とは関係ありません。むしろ、洋服を着ている時の方がいろいろと想像して、固くなってしまう（勃起する）ことが多いかも。

前かがみでタイトスカートのお尻を突き出した姿勢とか、ミニスカートから出ているふとももとか、シャツの胸のふくらみとか、そんな程度でも、元気のいい男子は固くなっちゃいます。そういう場合、男たちは女性の見えない部分を想像しています。例えばシャツの胸のふくらみからは、女性の乳房の形や乳首の色などを想像します。ふとももを見れば、そのもっと奥の方を想像します。そして、男子のアレは固くなります。

女性とデートをしていても、彼女とのセックスを想像して固くなる。そう、男性にとっては想像力こそが命なんです。だから、想像力が弱くなったおじいさんは、固くはなりません。中には元気なおじいさんもいるでしょうが、老人全体から見れば一部です。

その女性の露出度とは関係なく、エッチな想像をした時！

アレの大きさにこだわるって、ホント？

アレ、つまりおちんちんのことですね。大いにこだわります。ただし、勃起状態の大きさに。しかも、ただ大きいだけではダメ。固さが問題。大きくてふにゃふにゃよりも、いかにカチンカチンかが重要です。だから正確には、「大きさ＋固さ」です。

こういうのを巨根《きょこん》願望と言います。

ま、女性からしたら、バカみたいに思えるかもしれないが、男たちはかなり真剣です。特に標準より小さい男性は、かなりコンプレックスを持っています。そういう男性に、大きさのことを言ってはいけません。うっかり「○○くんの方が大きい」などと言ってしまったら、相手の男性はショックを受けて、しばらくの間、立ち直れないでしょう。

そんなに小さくない男性でも、他の男性と比較されるのは、とても嫌なものです。女性は意外と無神経に、他の男子との比較を、ぽろっと言ってしまう場合があります。本人にはけして悪気はないのだけど、言われた男性は非常に不愉快になります。言っていいのは、他の男性よりも大きい時だけです。

他の男子と比べられるのは、絶対お断り！

アレをズボンの上から触るのは、どんな時？

アレ、つまりムスコのことですね。

触る男性はけして多くはないけど、たまにはいます。

しかも無意識のうちに触っていることが多く、その理由は落ち着きたいからです。ちょっとしたクセみたいなもので、あごに触ると落ち着くとか、鼻をちょっとつまむと落ち着くとか、人によっていろいろなやり方がある。ムスコに触るのは、そのうちのひとつ。だから深い意味はない。ましてや、エッチな理由でそうしているわけではない。女性から見たら、そう思えるかもしれないが。

それに、女性のとは違い、体から飛び出ているものなので、つい触りたくなる心理も否定できない。公園などにある、クルマを入れないための鎖つきのポールの頭を、自然になでなでしたりして触るのに似ている。男の子は小さい時に、自分のムスコをおもちゃ代わりにいじっていたりするから、無意識のうちに手がそこにいってしまう場合もある。大人になってからもそうする男子には、やはりどこか子供っぽいところがある。


落ち着かない時に、そうする男子もいる！

ズボンの下のアレの、一番落ち着く収納位置は？

アレ、つまりせがれのことですね。それにしても、ペニス、おちんちん、ムスコ、せがれと、いろんな呼び名があるもんだ。

で、せがれの理想的な収納位置ですが、ズボンの前のファスナー周辺の構造をよく見ると、すぐにわかります。

右利きとも関係あると思うが、ファスナーを覆う布（フタみたいな役目をしている）が左右どちらに向かって開くか、それを知れば答えはかんたんに出ます。ズボンをはいている男子本人から見て、それは必ず右に向かって開く。ということは、せがれを右左のどちらにしまったら、せがれを取り出す時に便利なのか？　言うまでもなく、男子本人から見て左。女子から見たら右です。右利きの場合は、左にあった方が取り出しやすい。右にしまわれていたら、出すのが大変です。したがって、自分側から見て、ズボンの左の位置にしまうのが最も落ち着きます。ある程度の長さもあり、体の表面から飛び出ているので、ズボンの中にしまうのもひと苦労。女性は楽でいいなあ。

普通は、自分から見て左位置！

運動部の部室とかは、どうして男臭がきついの？

オヤジ臭や、加齢臭とは違い、若い男子たちの男臭さは、激しいスポーツをした後にかく汗に関係があります。

僕は医学の専門家ではないので詳しくは言えませんが、汗の中には、臭いのもとになる乳酸などの成分が入っています。そうした汗臭さが部室内に充満して、また移り香として部室に残るから、男臭さがきつくなります。しかし、汗をたっぷりかいた本人たちには、運動を「やった！」という満足感があるので、あまり気にならないのです。しかも、若い男子の汗臭さは、加齢臭などに比べたら、ものすごく不快で鼻がひん曲がる、というほどではありません。

それと、僕のように若くない男だから言えるのだけど、若い男子の男臭には、いわゆる青臭さも感じられます。若者の男性の体から発散する独特の臭いのことで、どこか精液の臭いに通じるところがあります。これは、運動とは何の関係もないことです。でも、敏感な若い女性たちは、若い男子の男臭に、そういうものを感じているのでは？　と僕は想像しています。ちょっとエロチックな想像だけど。

運動好きの男子は、たっぷり汗をかくから！

ヒゲは、どのくらいの間隔で手入れする？

普通の濃さの男子なら、1日1回。

それでも、朝、剃ったとすると、夕方にはほんの少し伸びている。

だから、もっと濃い男子だと、夕方にはかなり伸びている計算になる。そういう男子は、1日2回、必要。

日本女性は一般的には、ヒゲの濃い男性をあまり好まないようだ。

ところが、男性たちは必ずしもそうではない。

例えば、僕はもみあげが、もっと濃いといいと思っている。

もみあげを伸ばしたくても、生えてこないのが密かなコンプレックス。

このあたりの受け止め方が、男女では微妙に異なるし、女子の中にも、濃い顔・濃いヒゲ好きの人もいる。

そして、もみあげが濃くなりたい僕も、口のまわりが熊五郎みたいになるのは嫌だ。

というわけで、濃い男は濃いなりに、薄い男は薄いなりに、それぞれヒゲの悩みはつきない。

普通で1日1回、濃ければ1日2回！

将来、ハゲる心配してる？

ヒゲの薄いのなんか、ハゲるのに比べたら問題にならない。

若いころから頭の髪の毛のうすい男子は、不安でいっぱい。いつハゲ出すのかと、ビクビクしている。朝起きて枕に抜け毛が何本もあったら、気の弱い男子はショックで卒倒しそうになる。オーバーではありません、ホントのことです。

特に自分の父親がハゲていたら、その心配はさらに倍増する。

実は、僕の父親もハゲていた。

ところが、ラッキーなことに、僕はハゲなかった。

「ハゲは遺伝するって、ウソか」と、ひと安心。

何歳であっても、ハゲていると、実年齢よりも10歳は老けて見える。これは、男性本人にとって大問題。なぜって、女性にモテなくなるからだ。女性たちは「そんなの気にしない」って言うけど、女性の好きなハゲは、顔の彫りの深い外国人男性ばかりじゃないか。女性たちの言ってることを真に受けたら、どんでもないことになる。男子にとって一番恐いのは、ハゲかも。

自分の父親がハゲだったら、ものすごく心配！

身長が低いと、気にする？

もちろん。

当たり前である。

ハゲの次に大問題なのが、身長。

「そんなの気にしない」とか言う女子もいるが、そんなの信用できない。

だいたい女子たちはズルい。「私たちを外見で判断しないで」と言うくせに、本当は背の高い男が好きなんだから……。

身長の低い男は、背の高い男の欠点を探す。「あいつは背が高いけど、頭が悪い」とか。それでも、まだ満足できない男子は、禁断のシークレット・ブーツに手を出す。タレント男子の中にも、はいてるのがいそうだけど。

背の高い男が背の低い男を見る場合、ごく自然に見下す形になる。これが背の低い男には我慢ならない。背の高い方は、態度として見下しているわけではないのに、背の低い方は勝手にそう思ってしまう。コンプレックスの強い男子には、かなりやっかいなところがある。

気にしすぎて、シークレット・ブーツをはく男子も！

3日同じパンツをはいても平気？

それは女性たちの思い込み。

昔ならいたかもしれないが、今時、そんな不潔な男子は見当たらない。青色テント小屋に住む人たちだって、毎日公園の水道で洗濯してます。まして、最近のおシャレな男子たちは、毎晩&毎朝シャワーを浴び、髪の毛をシャンプーして、真新しいパンツをはく。これ、男子の常識。

男たちはだらしないとかの勝手な伝説、つくってほしくないな、まったく。迷惑するのはこっちなんだから。

それに、ふんどしの昔から、男の下着は精神を緊張させる役目もしていた。これから戦場に赴くというのに、汚れた下着なんか身につけていけるか。

というわけで、いつ討ち死にしてもいいように、男子は清潔な下着を身につけるもの。時代が戦国時代にタイムスリップした感じだが、現代のビジネスマンたちも昔の武士と同じなんです。

毎日、清潔なパンツをはいて、身も心も引き締めてこそ、真の日本男児である。


そんなのありえない、最近の男子は清潔好き！

私服だと雰囲気が違うのは、なぜ?

スーツを着てる時は、男が戦っている時。

ビジネスマンにとってのスーツは、仕事をする時の制服のようなもの。だから、軍服と同じです。それを着てる間は、緊張を強いられています。油断はできない。いったん家を出たら、男には七人の敵がいる、といわれるくらいですから。女性は男のスーツ姿に魅力を感じるけど、男だってずっとスーツを着てるわけではありません。休みの日までスーツでは、気が休まりません。

なるべくだらっとしたいと思うので、「スーツの時はあんなにかっこよかったのに、どうして?」と、女性が意外に思うのも無理はありません。それと、カジュアルなファッションは、ネクタイ、ワイシャツ、スーツというワンセットのものより、コーディネートが難しいのです。特にスーツが仕事着になっている男性には。ラフなかっこうの場合、どうしたらいいのかわからなくなり、じゃあジャージ(ダジャレではありません)、となってしまう。そんな時は、女性から男性の私服に関して、適切なアドバイスをしてあげましょう。

スーツ着用時に緊張してるぶん、私服だと超リラックス!

おシャレこだわり派と無頓着派にわかれる理由は？

女性と少し違うのは、男が着るものに関して、自分のポリシーを持っている点です。その考えは、大きくわけると代表的なふたつになります。

「男は中身だ」という昔からあった考えと、そうではなく「中身だけでなく外見も大切だ」という考えのふたつ。

前者は昔風、後者は今風だけど、だからといって男子の皆が今風だとは限りません。「男は外見ではなく中身だ」という考えの硬派な男性も、意外と多いものです。そういう人は当然ながら、おシャレにはあまり関心がない。とりあえず不潔でなければ、何を着ていてもいいと、考えています。ファッションの流行に興味がないのはもちろん、服装のコーディネートにも無頓着。その結果、とてもおシャレとはいえないかっこうをします。でも、本人は、中身がよければいいと思っているので、それが流行遅れだとも、おシャレでないとも思いません。この場合もカジュアルな服装の時と同じく、女性のアドバイスが必要となります。男同士では相手の服装について、何かを言うことはほとんどないので。

「中身＋外見も大切」か「中身だけでいい」と思うかの違い！

オナニーは週何回する？

ずいぶん、立ち入ったことを聞くなぁ。

これは男性の年齢にもよるし、性欲に関して淡白な男性と、性欲のかたまりみたいな男性でも違う。だから、答えはけしてひとつではない。やるヤツは毎日やるし、やらないヤツはほとんどやらない。でも、これでは答えにならない。そこで二十代の平均的な男子がいるとして、その回数を答えよう。

十代なら毎日もありだけど、仕事をしている平均的二十代の男性なら、さすがに毎日はしないのが普通。週に3、4回というところだろう。

それと、彼女がいればやらないだろう、と思っている女性もいるかもしれない。残念ながら、そんなことはない。彼女に満足していないから、オナニーするわけではない。彼女がいようといまいと、彼女とのセックスに満足していようといまいと、オナニーする男子はするものです。オナニーはセックスの代用ではなく、セックスとは別の楽しみだというのが、大半の男子の考え方。これは、女性には理解しにくいかもしれないが。

週3〜4回、あるいは、ほとんどしない男も！

週に何回セックスして大丈夫？

オナニーよりも、もっと立ち入った質問だなあ。

これも、個人差が大きい。

オナニーと同じと言いたいところだが、こちらは何しろ相手がいることだから、エネルギーの消費量が違う。ひとりでやるのよりは、いろいろと気を使ったり、喜ばせたりしなければいけないから、それだけ疲れる。だから平均的二十代の男子なら、週に2、3回がいいところではないだろうか。もちろん、ちゃんと仕事をしている男の場合。仕事のストレスなどのない男性なら、もっと回数が増えるはず。ヒマだし、他にやることがないから。

男性のセックスは、女性が考えるよりも、ずっと精神的なものの影響を受けやすい。相手の女性からちょっとしたストレスを受けても、セックスが急にできなくなったりする。また、仕事上の心配などがあっても、セックスに没頭できなくなる男性もいる。ただし、この点に関しては、個人差が大きく、全然平気という男子もいるので、一概にどうとは言えない。

ストレス社会の現代においては、男性の性欲が、昔より弱くなっているような気がする。

個人差があるので、具体的な回数は言えない！

さりげなくボディタッチされるのはどう?

大歓迎。

でもねえ、そんなふうにしてくれる女子って、実際にいるのかなあ。

日本人女性は、遠慮がちというのか、恥ずかしがりやなのか、なかなか女性の方から積極的にはしないようだし。

風俗のおねーさん以外は、「さり気なくタッチ」なんて、難しいのでは。

しかし、そうしてくれる女性が、もっと増えてほしいとは思っている。

というわけで、触られて一番興奮する部分をお教えしましょう。

だいたい想像できると思うけど、ふとももものあたりかな。

ふとももをさり気なく、というのは、けっこう大変そう。男の僕でもそう思うんだから、女性のあなたは悩むかもしれない。

だけど、やってほしい。

ふとももからさり気なく、もう少し付け根の方へ……想像しただけで興奮しそう。

うれしい、そして興奮する!

男は皆、マザコン？

赤ちゃんのころ、お母さんのおっぱいをくわえていた記憶が残っているのか、ほとんどの男たちにはマザコンの傾向が。ただしそれは、テレビドラマに登場するマザコン男みたいに、極端なものではない。

言ってみれば、ソフト・マザコンである。

母親のつくった料理の方が彼女のよりおいしい。

この場合は、マザコン男子に文句を言う前に、もっとおいしいのをつくってやるぞと、闘志を燃やしてほしい。そう女性たちには、お願いしておこう。

母親の方が、自分の彼女より優しいところがあると思う男たちもいる。しかしこれは、立場のまったく違うふたりの女性を比べているので、無理がある。それは頭ではわかっているのだけど、つい彼女に、母親的優しさを求めてしまうケースが多いのは事実。

まあ、どちらにしても、病的なものではなく、あくまでもソフト・マザコンである。だから、女性の皆さんは、あまり深刻に考えすぎない方がいいと思う。

だれにも多少はある！

彼女より収入が低かったら？

自分よりも彼女の方が収入が多い場合、男としてはあまりいい気分ではない。なんだか負けたような気持ちになるので、愉快ではない。

お互いの仕事の種類によっては、どうしてもそうなることがある。そして、コンプレックスにならないと言ったら嘘になる。女性はそんなのおかしいと思うかもしれないが、むしろヒモみたいに、女性の収入をあてにする男と比べたら、コンプレックスになる男の方が正常。そう考えて、納得してほしい。

また、彼女の方が自分よりも学歴が高いケースもある。これも収入差と同じで、男性にとってはちょっとくやしい。女性に比べて男性の方が、そうした差を強く意識するのは、競争心が女性よりも強いから。ものの見方、あるいは考え方がせまい、と言われればその通りだけど、どうしても自分以外の相手と競ってしまう男の習性だと思ってもらうしかない。

子供のころから競争ばかり強いられてきた男子は、男の僕から見てもかわいそうに思える。収入や学歴の差を気にしない男子も、最近少しずつ増えてきたような気もするけど……。

コンプレックスを感じる！

ほとんどの男は面食い？

そりゃあ、顔がいい方がいいに決まっている。

ただし、とびきりの美人は敬遠することが多い。

親しみの持てる美人、そういう女子を大半の男は好む。

顔が整いすぎている女性からは、冷たい感じを受けるというのがその理由。たしかに、僕自身そう感じる。だから、「面食い＝美人ならいい」とはならない。そんな単純なものではない。

男性に優しくしてくれそうな女性がいいのです。

だからこそ、「かわいい」というキーワードが浮かぶ。

「キレイ」よりも「かわいい」。

顔のかわいさは、性格のかわいさに通じる。

男が女性の顔をチェックする時の判断基準は、そこにある。

顔のかわいい女性を選ぶという意味では、男たちは間違いなく面食いである。

9割以上の男子は面食い！

やっぱり女子は、やせてるほうがいい？

男という生き物は一般的に、太っている女性よりも、やせている女性を好みます。

ごくまれに太っている女性を好む男もいるが、それはマニアと呼んでもさしつかえないタイプの人たちです。ゲイの世界で言うところの、デブ専(太めの男が好きな男)です。この言葉、最近では、太めの女性が好きな男にも使うようですが。

さてここで問題となるのは、女性が考える「やせている」と、男性が考える「やせている」は、必ずしも一致しないことです。女性が理想とするやせている体型は、男性が考えているのよりも細い。というよりも、かなり細すぎです。

男たちがいいなと思う理想的な女性の体型とは、スポーツをしている女性の体つきだと思ってください。マラソン選手のは、やせすぎです。ビーチバレー、シンクロナイズドスイミング、フィギュアスケートなどの女子選手の、筋肉と脂肪が適度についている体型を健康的でいいと思います。ファッションショーに登場する外人モデルのようなガリガリ体型を、男たちはけしていいとは思っていません。どうかお間違えのないように。

だからって、やせすぎはかえってマイナス！

長い髪の女性が好きなわけは？

一目見て、女っぽい女性がいい。

髪の毛が短いと、男と見わけがつかない。もちろん、極端に言えばの話だけど。

男は単純。

だから、髪が長い女性を女っぽいと思う。

まだ、他にもある。

小柄な女性がいいと言う男も多い。これも、女性らしさを感じるから。あんまり大きいと、男みたいと思ってしまう。

小柄だけど、ひとつだけ大きい部分があってほしい。

それは、バスト。胸が大きいことも、女らしさの象徴と、ほとんどの男たちは考える。

実に単純。

でも、ぐちゃぐちゃ能書きたれるような男よりは、単純な男の方が信頼できると、僕も思っている。

一目で女子とわかるから！

女は、ちょっとバカな方がかわいい？

バカと言っても、ほんもののバカでは困る。

「バカのふりができる女性が最高」という意味。

ムキになって男子に突っかかってくるような女子は、男性からするとけしてかわいくはない。バカな方がかわいいとは、そういうこと。

つまり、男の気持ちがわかり、あえて男を追いつめない。そういう思いやりのある女性を、男たちはかわいいと思う。そして、そうするために、バカのふりをするのが一番いい方法なのです。そこまでわかっている女子は、男たちにモテるはずです。

正論をふりかざして、男を論破してやろう（言いくるめよう）などと思う女子は、はっきり言うと、男たちの恋愛対象外の存在。自分では頭がいいと思って、賢さをひけらかそうとしているのだろうが、本当はかなりほんもののバカ女でしかない。でも、実際には、こういう女子がいるんですよ、そのへんにゴロゴロと。

「ちょっとバカ」とは、だから「頭のいい女性」のことなんです。

賢さをひけらかすような女は嫌い！

甘え上手の女には弱い？

女性の甘えというのは、女性経験豊富な男たちからすると、ちょっとエロが入っています。

甘えが、なぜエロなのか？

女性が甘える時は、声や態度が妙に女っぽくなるからです。

女性本人はそう意識してないと思いますが、ちょっとどころか、エロ全開かも。

つまり、女としてのフェロモンが出まくりなんです。

女性からせがまれているのが、仮に何かのプレゼントだとしても、もっと別のことをせがまれているように感じられるからです。

これには最近まで、僕も気づかなかった。

年の功というか、やっとわかったのです。

もしかすると、若い男性たちはそこまで、つまり別のことをせがまれているように感じている自分に、気づいていないかもしれません。

いずれにしても、甘えが女性の最大の武器だというのは真実です。

妙にエロを感じてしまうから！

女子の間で評判の悪い女にだまされるのはなぜ？

同性からは人気がないのに、異性からは好かれる。

そういう女子がいるのは確かです。

僕の経験から言うと、男が好む女性と、同性が好む女性とは違います。頭の中に、男のことがどの程度あるかによって、異性に好かれるか、同性に好かれるかが、違ってきます。男性に好かれる女子は言うまでもなく、異性のことを常に考えています。他のどんなことよりも、異性優先です。そこのところが、同性から嫌われる大きな理由になります。そして、同性から好かれる女性は、同性のことも異性のことも、半々ぐらいに考えています。

では、どちらの女性が、男たちから見たら色っぽいのか？

女性たちはガッカリするかもしれませんが、頭の中がほとんど男のことで占められている女性の方が色っぽいと、男たちは思います。それだけ男が好きなんだから、当然の結果とも言えるでしょう。そしてさらにそういう女子は、男あしらいが上手い。男が何を欲しがっているのかも、よくわかっています。だから、本人には、男をだますつもりはないのかもしれません。

そういう女子は、男あしらいが上手いから！

なぜ女の涙に弱い？

女性に泣かれたら、男は皆、お手上げです。

どうしたらいいのかわかりません。

それは男にとって、女性の弱さを見せつけられているのと同じだからです。

弱い動物である女性が、目の前で泣いている。男たちはそう理解します。

本当は弱いわけがないのに。

でも、単純な男は、女性はか弱いと刷りこまれているので、涙も弱さの表れだと思ってしまう。自分のせいで女性が泣いている。弱い者いじめをしたように、男性には思えてしまうのです。だから、女性に泣かれると、手も足も出ない。万事休す、というわけです。

女性が泣くのは弱いからではなく、感情表現のひとつにすぎないのに、男はけしてそうは思いません。なぜなら泣くという感情表現は、男たちにとっては特別な場合に限られるからです。

例えば、感動がピークに達した時、男も泣きますが、ピークはめったにはやって来ません。泣くということに対して、免疫がありません。だから、泣かれると弱いのです。

女は弱い動物だと、男たちは刷り込まれている！

女子が怒り出すと、何も言い返せないのは？

女の涙の次に問題なのは、女の突然の怒りです。

女性がそんなふうに怒り出すなんて、男性にとっては予想外の出来事なんです。したがって、逆ギレするか、おろおろするかで、言葉でちゃんとわかりやすく反論できない。自分の言葉が女性をそんなに傷つけたとは、当の男性はちっとも思っていない場合が多い。もちろん、そこまでちゃんと考えられない男が悪いのは当然です。しかし、女性の立場になって考えるというのが、男にとっていかに難しいことなのか、女性たちにはおそらく想像もつかないでしょう。小さい時から「男の子はこうだから」とは教えられてきても、「女の子はこうだから」とはいっさい教えられていない男子たち。

これからは、それでは男たちが困ると僕は思っています。男子諸君は、女性がどうして突然怒り出したのかについて、じっくり考えなければなりません。女性のあなたも、男子たちに直接、このことを言ってください。そうでないと、男たちはいつまでも気づかないままでしょう。それでは、男も女もお互いに不幸ですから。

予想外のことだから！

話を最後まで聞いてくれないのは、どうして？

女性のことがよくわかっている男性なら、女性の話を最後までちゃんと聞くでしょう。

でも、世の中の多くの男たちは、最後まで聞くのが面倒くさい。

その原因は、女性の話し方にあります。

女性の話す内容はだいたいの場合、理路整然とはしていません。

あちこちに飛んだり、順序が逆だったり。

聞いてる方はイライラします。

それでも女同士の会話が成り立つのは、お互いに自分の話したいことをしゃべる、という暗黙の了解があるからです。ところが、男にはそれがありません。聞き下手な男は「この女性は何が言いたいのか？」にポイントを絞るのですが、聞き上手の男はそんなことは考えずに、ただ聞くだけです。女性のことがよくわかっていない男は、自分たち男と同じように女性たちも、あるひとつの結論を導き出すために話す、と思ってしまいます。その結果、何を言いたいのかわからない女性たちの話を、きちんと最後まで聞く意欲を失います。

女子の話は、結局何を言いたいのかわからない場合が多い！

Chapter

3

男にとって人生最大の出来事、女子との出会い

会った瞬間、本命か遊びかの判断はつく？

男の女性を見る目は、実は意外と厳しい。

特に、性格のいい悪いに関しては、女性たちが思っている以上に敏感。

本命の相手は言うまでもなく、性格のいい女性でないとダメ。

反対に遊びの相手は、性格のいい悪いはどうでもいい。遊びというのは、ズバリ言えば、「1回でいいからやれること」です。そのためだったら、性格なんて二の次。

本命の条件は、自分の好み＋性格のよさ。

そんなの瞬間的に判断できます。

なぜなら、性格のいい悪いは、女性の目つきに出ているからです。

目から読み取る。それだけだから、短時間で可能。

ただし、そんなことは絶対に口には出さない。

そこが男のズルいところ。

でも、女性だって、「遊びだけ」と割り切る場合があるんだから、おあいこだと思う。

もちろん、瞬時に！

「女友だち」と「彼女」の境界線は？

セックスがポイントとなる。

同じようにセックスの関係があっても、女友だちの場合は、まさにセックス・フレンドの意味しかないけど、彼女だったらそこに愛情がプラスされる。

では、セックスの関係がない女友だちは、いったい何？

それはただの友だち。「女友だち」と、「女」をつけなくてもいい存在。

セックス・フレンドは、別名「都合のいい女」。やりたくなったら連絡を取る。そうでない時は、会いたくもない。愛情なしというのが、おわかりいただけたと思います。

さて、愛情とは何か？

いろんな意味がある。

大切にしたい、尊敬している、高く評価している……など女性としてだけではなく、人間としての部分まで認めているのが愛情。

さて、あなたの彼はどうなんでしょうか？

セックスだけなら「女友だち」、愛情もあれば「彼女」！

本命がいるのに、他の女の子に告白されたら？

本命のつもりでも、絶対ということはない。

現代は何が起こるかわからない混迷の時代。彼女だと思って安心していると、他の男に持っていかれるケースだって、ないとは言えない。

常に用心しておくにこしたことはない。

そんな男子にとっては、本命以外からの告白は、ちょうどいい保険となります。何かあった時には、保険が役に立つからです。ですから、保険をかける意味で、本命以外の女性もキープしておきます。

体の関係は？

もちろん、キープするためには必要なので、一応関係を持っておきます。

そうでないと、その女子も離れていってしまうから。

中にはクソ真面目な男性もいるから、全員が本命以外もおさえておくとは限らない。それでも、大多数の男たちは、保険をかけるでしょう。

いざという時のために、キープ！

よく目が会うのは、つきあいたいから？

そんなの、当然。

目は口ほどにものを言う。

と、昔から言われている通り。

間違いなく、「つきあいたい」という男性からのサインです。

まさか、突然「つきあってください」と直接言う男はいない。

最初は目で合図を送り、相手の出方をうかがっている。

「目には目を」で、あなたもその男に好意を持っているなら、お返しをしましょう。それには、相手の目をじっと見ることです。いくら目ヂカラが大切とは言っても、にらんではいけませんよ。優しく見てあげるのです。後はもう黙っていても、むこうから話しかけてきます。

あなたの方から積極的にしかけたい場合は、相手の男性の目を意識的に見ればいい。女性の方からそうしたら、イチコロで男はまいってしまう。けしてオーバーではなく、目は口ほどにものを言う、なんです。

「つきあいたいサイン」を送っている！

「友だちから始めよう」の真意は？

友だちから。

なんて便利な言葉なんだろう。

こう言っておけば、結局ずっと友だちのままだったとしても、女性を傷つけることはないし。

要するに、様子を見ながら、コトを進めたいわけです。

こんなふうに言いたがる男は、言うまでもなく、かなり慎重なタイプ。

情熱&突っ走りタイプは、こんなふうには言わない。

だからって、悪いわけではない。

惚れやすくあきっぽい男よりは、よっぽどいい。

あなた次第とも言える。そういうタイプが好きでないのなら、やんわりと相手の男性を傷つけないように、お断りすればいい。

世の中には、ほんとうにいろんな男性がいます。一にも二にも、お勉強です。

様子見！

年上女とつきあうのは、ためらう？

「年上だから」という理由で、つきあうのを断る男性は、まずいないと言っていい。

相当保守的な男性は、ためらうかもしれないが。

また、両親の言うことを何でも聞いてしまうような、自主性のない男性なら、両親から「そんなの、やめときなさい」と言われたら、やめるだろう。

でも、このふたつのタイプは、今時、少数派なので、大半の男性は躊躇《ちゅうちょ》しない。

年上だ年下だ、年が離れすぎだ……などは、現代の恋愛事情においては、取るに足らないこと。日本の恋愛も欧米並に多様化している。これからは、もっと自由になるように思える。

年上女と聞いて男が想像するのは、「いろいろと教えてもらえそう」ということ。いろいろと言いましたが、実はそんなにいろいろではなく、エッチ方面にかたよっています。中には期待しすぎの男子もいて、「女教師に生徒」などの妄想をするので、女性はかえって迷惑かもしれません。

いずれにしても、年上だからというネックは、何もないと言っていいでしょう。

躊躇《ちゅうちょ》はない！

「女ひとり暮らし、マンション持ち」だと引く？

マンションを持っている女性。

素晴らしいではありませんか！

そこがふたりでも暮らせるような広さだったら、将来結婚する時にメリットになります。

また、そこまで広くない場合は、それを売ってもっと広い所に引っ越せばいい。

現代の男たちはリアルです。

この質問の意図はそういうことではなく、「マンションを買ってしまうような女はどうよ？」ということなのでしょう。

「どうよ？」と言われても、「堅実でいいんじゃないの」としか言えません。

しっかりしすぎだから引くのでは、とお思いでしょうが、そんなことはこれっぽっちもありません。昔（といっても、10年ぐらい前）と時代が違うからでしょう。この不安の時代を生き抜くには、マンションを持っているぐらいの女性の方が頼もしい。確かに昔だったら「えーっ?!」と引く男性もいたでしょうが、今はそんなことありません。

引かない！

相手の家庭環境は、どれぐらい気になる?

マンションを持っている云々などよりも、こちらの方が問題になるかも。

それは、つきあっている時はまだいいのですが、いざ結婚となるといろいろと考えてしまうからです。

離婚の原因のひとつに、お互いの家庭環境の違いがあげられます。

実際にもよくある原因なので、男性もそのことを知っています。あまりにもかけ離れた家庭環境は、結婚してから何かとトラブルのもととなります。親戚同士が顔を合わせても、経済的なレベルが違うと、その場に微妙な空気が流れます。友人関係にも、似たようなことがいえると思います。

つきあっている時はまだいいと言いましたが、実はつきあっている段階でも、意見の食い違いが生じるケースがあります。それをふたりの愛だけで乗り越えるのは、現実問題としてかなり難しい。女性の家庭の方が経済的に上の場合など、他の項目でも述べたように、男は競いたがる動物なので、妙なコンプレックスを持ったりすると、何かと厄介です。

意外と気になる!

好みでないタイプから告白されたら？

これは難問。

もともと好みというのがあいまいなものだから、好みでないから「NO」と簡単には言い切れない。

好みの幅を広げられるのだったら、キープ要員としては貴重な存在だから「OK」です。

どうしても広げられない幅はむしろ体型とかで、やせてる女性が好きな男は、ぽっちゃりはどうしても無理。それよりも、顔のタイプとかなら妥協はできる。日本的な顔立ちでも濃い顔でも、やせてるやせてないよりは、柔軟に対応できるものです。

融通のきく男だったら、相手の女性が「この人、OKなんだわ」と取れるような言い方をするでしょう。セックスの関係などもそこそこ続けておいて、好みのタイプにピッタリの女性が現れたら、そちらに乗り換えるつもり。ズルいと言えばズルいんだけど、男も彼女獲得には必死なんです。……カンの鋭い女性なら、相手の男性の態度でわかります。そんな時は、深みにはまる前にさよならしましょう。

キープ要員として確保！

「彼氏いるの？」に込められた本心は？

彼氏がいようといまいと、男性はその女性をものにしようとします。

女性に「いる」と答えられたから、あっさりひき下がるわけではありません。女性の多くは、その男性が身を引くように考えているようですが、現実にはそうではありません。いるのだったら、それにあった作戦を立てます。彼氏がいない場合には、オーソドックスな押しの一手で女性に迫りますが、いる場合でも、それなりの作戦を立てます。

どうして彼氏がいるにもかかわらず引き下がらないのかというと、女性の気持ちが常に揺れ動いていると知っているからです。もちろん恋愛巧者《こうしゃ》（恋愛に手慣れている）の男性の場合であって、初心者の男性はそんなふうに考えられません。

参考までに、揺れ動いている女性をどう攻めるのかについても、お話ししておきましょう。その場合は、強引な一発勝負に出ます。けして嫌いではない強引な男性には、女性はあまり抵抗できないという心理を利用します。土下座してでもセックスの関係に持ち込んでしまう。これにつきます。男ってとんでもないな！　自分で書いていてあきれます。

いる、いないで、作戦の立て方が違う！

お持ち帰りOKサインに、なぜ気づかない？

気づかないわけではありません。

気づいていても、その気になれない場合があります。

どう好みの幅を広げようとしても、無理としか言えないケースです。

好みというのはあいまいだと言いましたが、それでもどうしても譲れない部分があります。

僕の場合だったら、フリフリがついたファッションの女子です。いくらその子がかわいくても、そういうのを着てるだけでがっかりします。やる気をなくすのです。生理的に好きになれないのです。たかが洋服じゃないかとあなたは思うかもしれないが、僕にとってはかなり重要な判断基準です。

そういう相手には、気づかないふりをします。

中には本当に鈍い男性もいるので、全員がそうだとはいえないけど、だいたいの場合は、わかっていてもわからないふりが多い。少しでも好みの相手だったら、土下座してでもセックスしたがるというのに、男ってヤツは勝手なものです。

気づかないふりをしてる！

ナンパする時の気持ちって？

わくわくします。

武者震いと言ってもいいでしょう。

ナンパは男の本能。

そう言えるかもしれない。

ここでいうナンパとは、街中などのばかりでなく、仕事場でお互いに顔見知りの相手に対する場合も含めます。どんな場所でもどんな相手でも、ナンパは成立します。

本能と言いましたが、もう少しわかりやすく言うと、それは狩りの本能です。

ハンターである男性が、獲物である女性を狙う。そこに、ナンパの醍醐味があります。

時には獲物に逃げられる場合もあるけど、けしてめげません。他の獲物を追えばいいのだから。なんて単純なのとあなたは驚くかもしれない。しかし、男女の関係はもともと単純です。

単純なままでは、テレビドラマや映画にはならないので、そこに複雑なストーリーをからめるのですが、本質的な部分は至って単純です。恋愛の達人には、それがわかっています。

狩人になった気分！

逆ナンされる時って、どんな気持ち？

逆ナンは楽でいい。

何しろ相手の女性が、全部お膳立てしてくれるのだから。

女性に身を任せる。

そんなの、普通はありえません。

本当にそうなら、大歓迎なのは当たり前。

でも、世の中そんなに甘くない。

夜の街でやけに親しげに誘ってくる女性。ホテルに行く前に、ちょっと飲みましょうと言われる。ついて行った先がなんと、ぼったくりバー。彼女は客引きだった。なんていうこともあるのですから。

したがって、うまい話の時、普通の男は警戒します。それが客引きでないとしても、何か企んでいやしないかと、心のどこかで疑っています。口では大歓迎と言いつつ、気持ちは落ち着かない。ということは、逆ナンが必ずしも理想の形とは言えないのかも。

「本当にそうか？」と疑う！

彼氏のいる子を好きになっても言い出せないのは？

これは既に述べた恋愛巧者とは、反対のタイプの男性の場合。

一方には、彼女がいようとかまわず攻める男もいるというのに、何も言えずにずっと片思いのままという男子もいる。

かなり弱気な男性であるのは、間違いない。「彼氏がいるんだから無理だ」と思っているぐらいだから。

でも、弱気なだけじゃない。

こういう男性は普段から何事にも対して、恥をかきたくないと強く思っているタイプ。ある意味、プライドも高い。勉強がよくできる男子が、このタイプには多い。

恋愛のベテランは、恥などいくらでもかいて来た男なんです。ある女性から断られたら、すぐに他の女性を探せるんです、こういう男子は。

この違いは大きい。

男には本当にいろんな種類がいます。だから、男はこうだとは簡単には言えない。

かなり弱気なのに、プライドは高いから！

ネットで知り合うのに抵抗はない？

ネットで知り合うこと自体には抵抗はないけど、問題なのは相手の女性の素性。

一番問題となるのは、プロの女性だった時のショック。

お金を請求されたらがっかりする。

それだったら、最初から風俗に行った方がいい。

プロでないケースでも大きな問題が。

仮に待ち合わせをしたとして、自分のタイプでない女性が来たら、もちろん、そっと帰ってしまう。

これは僕の経験から言うのだけど、世の中そんなにかわいい子ばかりではない。それなのに、ネット上でかわいい子に知り合えるだろうか。まずそうは思えない。

仮にかわいい子が現れたとしたら、それはそれで疑問が生まれる。その女性のバックに、コワいおにいさんがいないだろうかという。

素性に関して今ひとつはっきりしないところに、ネットでの問題があると思う。

相手の素性がわからないところがネック！

Chapter 4

デートの最中、男たちが密かに考えている、いろいろなこと

デートに誘う時の本心は？

ただ会うだけじゃつまらない。

男たちはそう考えている。

遊園地や公園などに行ったり、おしゃべりしたり、映画を観たり、ドライブしたり、食事をしたり……だけじゃもの足りない。

女性の体に触れたい。

そう願うのが普通。

だからって、手を握ったり腕を組んだりするだけでは、相手の女性にほんとに触れたとは言えない。

できれば、キスぐらいはしたい。

例えそれが最初のデートだとしても。

男たちはそこまで考えています。

しかも、ごく自然に。

キスぐらいはしたい！

「何、食べる？」に、はっきり答える方がいい？

食べ物の注文は、ズバリ言ってほしい。

本当は食べたいものがあるのに遠慮されるのは、気分のいいものではない。しかも、後でだれかに「食べたくないのに食べさせられた」なんて言うのは最低。ま、普通はそんなひどいこと言わないと思うけど、性格の悪い女子なら、そこまで言っても不思議ではない。

よく食べる女子が、男は好き。

だからって、大食い選手権に出るようなレベルはお断り。

問題なのは、ダイエットしてるからとか言って、あまり食べたがらない女の子。そういう女性に限って、たいして太っていなかったりする。女性は本当にガリガリ体型がいいとでも思っているのだろうか？　男たちはむしろ、そこまでやせてる女性をいいとは思わない。僕もそういう女の子を見ると、栄養不足で不健康だなあと同情したくなる。

ちゃんと好きな食べ物があって、よく食べる女性。

健康的な女性なら、それが当たり前だと思う。

もちろん、はっきり言ってほしい！

食事をおごってくれる時の本心は？

また、本心か……。

本心ばかり聞きたがるんだなあ。

でも、ちゃんとお答えしますよ。

そりゃあ、せっかくおごったんだから、正直なところ、「何かお返しがもらえる」と思っています。

よく女性で、相手の男性に興味はないけど、食事おごってくれるからついて行った、という人がいる。あれって、男性に対して失礼じゃないかな。男は給食係じゃないんだから、あんまりだと思う。

ギブ・アンド・テイクっていう言葉、知ってるよね。食事のためだけに好きでもない男についていくのは、テイク・アンド・テイクです。ただ、一方的にもらうだけ。お返しとかギブ・アンド・テイクとかいう言葉は、ストレートすぎるにしても、男性がどうしてほしいと思っているかぐらいは考えてほしい。それが大人の女というもの。

見返りを期待してる！

食事を割りカンにする時の本心は？

またまた出ました本心。

もちろんこれにも、お答えします。

割りカンは「僕たち、ただの友だちなんだよ」という意志表示です。

そうやってひとりひとり自分の分を払っておけば、対等の関係でいられるから、気が楽なんです。むしろ、女性のためにもそうしている。たいして興味のない女性と食事して、こちらが払ったとしたら、相手の女性はそこに何か意味があるのかと気にしてしまう。その後にも気持ちが残るというのか、おごってくれた男性のことが記憶にとどまる。特に彼がいないような女性は。だから、余計な気を使わせないように割りカンにします。

ビジネスライクというやつです。

事務的にしておけば、後でややこしくならなくてすむ。男にはそう考える、潔癖なところもあります。意外かもしれないが。だから、けしてうぬぼれているわけではありません。そこのところ、誤解しないでください。

「僕たちただの友だち」宣言！

食事は女性がつくるべき？

「べき」とは思っていない。

でも、できればつくってほしい。

役割分担として女性が料理というのは、けして片寄った考え方ではないと思う。

デートの時、男がクルマを運転するようなもの。あるいは重い荷物を持つのが男であるように、料理をつくるのは女性にふさわしいのではないか。

女性の細やかな気配りは、料理をつくる時にも向いている。また、センスが要求される料理は、クリエイティブな作業でもある。

ところが、最近の若い女性たちは、料理がつくれない。

というよりも、料理をただの家事だとしか思っていないのだろう。

料理をする男たちが以前よりも増えつつあるのは、料理が持つクリエイティブな部分に魅力を感じるからだろう。そこのところを女性たちが理解しようとしないのは、なんだかもったいないような気がする。


「べき」ではないけど、できればつくってほしい！

彼女より、お母さんの料理の方がおいしい？

料理は慣れ、というのは間違っていません。

特に手際のよさという点では、長年やっている方が上手い。

また、味に関しても、コツを知っている方がいい味を出すのは当然。

僕も料理好きですが、ここしばらくつくっていないので、カンが鈍っています。いつも、つくっている人にはかないません。だからこそ、彼女と自分の母親では、母親のつくった料理の方がおいしいのはしかたありません。

「おふくろの味だから」とよく言われるけど、味云々以前に、彼女のよりもおいしいという事実があります。本当のことを言うと、母親の味に慣れているからおいしいと感じるのではなく、彼女のつくる料理の味がイマイチだからなんです。その味に慣れているかいないは、だからあまり関係がありません。

こんなふうに書くと、おふくろの味に慣れているから、私の味をおいしいと感じないと思っていた女性たちに、ショックを与えたかもしれません。怒らないでね。

つくり慣れている人には、かなわない！

デート中、自分の趣味の話ばかりするのはなぜ？

女性がどんな話を好むのか、男たちにはわかっていません。

でも、何か話さなくてはいけないという義務感にかられています。

自分が黙っていたら女性を退屈にさせると、不安なんです。

とてもよくない状態です。

その結果、ろくでもないおしゃべりをしてしまう。

相手の女性がおよそ興味を持ちそうにない、自分の趣味の話を延々と続けます。それは自分が一番よく知っている内容だからです。

恋愛初心者の男性は皆こんな感じです。女性同士が普段何を話しているかなんて、まったく知らないし、どんな内容なら食いついてくるかもわかりません。そして、本当は女性にしゃべらせるように持って行くのが正しいとも知りません。女慣れした男なら、そのあたりを心得ていますが、普通一般の男性にそこまでやれと言うのはとても無理です。

あなたが興味のある話題に、男性を誘導するのがいいかと思います。

何を話していいかのわからない！

どうして、女子の部屋に入りたがる？

「やれる！」という確信が持てるから！

目的はひとつ、あれしかありません。

あれとはあなたの考えているそれです。

冗談はこれぐらいにしておきましょう。

女性の部屋に入れれば、何でもできる。男とはそう考える動物です。そして欧米では男性を部屋に入れたら、ＯＫしたのと同じだと解釈されています。日本でもそうなりつつあると思います。

ちょっと休んでいきたいから。

どんな部屋だか見たい。

トイレを借りたい。

いろいろと理由をつけますが、目的はひとつ、あれしかありません。

女性の側からしたら、欧米の場合のように、「ＯＫの時は、自分の部屋に男性を招き入れればいい」ということになります。

「部屋でお茶飲んでく?」=「エッチOK」?

前の項目でもう説明してます。

OKもOK、完全なOKです。

それを知らなかったなんて言ったら、「お前は小学生か?」とつっこまれますよ。

いつまでもカマトトぶっていないで、一人前の大人の女になりましょう。

エッチがそんなに恐いのか!

これは失礼しました。

つい声を荒げてしまって。

でも、部屋にあげておいて「私、そんなつもりじゃなかったのよ」とか言われたら、男としては大声で怒鳴りたくもなります。

大人である証拠は、暗黙のルールに従うことです。部屋に男性を入れるというのは、もちろん暗黙のルールのうちのひとつです。それを知らなかったではすまされない! 男性に対して失礼だと僕は思います。

当たり前!

デートの別れ際の「また連絡する」の意味は？

これは相手の男性によって、いろんなふうに受け取れます。

「そのうちいつか」

という意味で使う男性もいます。

気がない男性の場合で、ズバリ言うと「会うつもりがない」。

さらにズバリ言うと、「会いたくない」となります。

「近いうちに、電話かメールする」

そう言いたい場合に、これを使う男性もいます。

「また会いたい」から「会いたくない」まで、意味の幅が広すぎるので、ひとつの答えにはなりません。

当日に次のデートの約束をしてしまうのが、最も理想的なパターンですが、現実にはなかなかそこまでは難しいものです。仕事が本当に忙しい男性だったら、次のデートの日取りをなかなか決めにくいからです。


「また会いたい」から「会いたくない」まで、意味の幅が広い！

Chapter 5

電話&メールなど恋愛ツールを、男子はどう使う?

男子は電話嫌いってホント？

電話をするのは、本当に面倒くさい。仕事の電話はしなければならないからするけど、女性への電話となると、とたんにおっくうになる。その中でも一番面倒なのが、男連中と飲んでる時に、彼女にしなければならない電話。

「電話するよ」と言っておきながら、飲み始めちゃうとそれを忘れてしまう。

女性の方は、いくら待ってもかかってこないから、心配したりイライラしたり怒りっぽくなったりと大変だけど、男の方は彼女がそんなふうになっているなんて想像もつかない。こうして、ふたりの関係が険悪になったりする。

女性にこまめに電話をするのが、ほとんどの男性は苦手です。最大の理由は、いっしょにいる人たちに対するかっこつけ。電話をしないのがどうしてかっこつけになるのか、そのわけは以下の通り。彼女に細かく気を使っているのを見られると、彼女の尻に敷かれていると思われやしないかと、かっこをつけてしまう。

それでいて女性からもらう電話は、苦にならないんだから男は勝手。

するのは面倒だけど、されるのはＯＫ！

メールまめ派とおっくう派にわかれるのはなぜ？

メールに関してばかりでなく、女性への連絡全般に関して、男たちは大きく「まめ派」と「おっくう派」のふたつにわかれます。手紙や葉書きをさらさらっと書ける男と、そうでない男がいる。筆まめとそうでない男がいるように、メールについても、まめな男とまめでない男がいる。

メールをしない理由は、パソコンや携帯電話のメール機能を使うのが、苦手だからというわけではありません。

そういう男でも、仕事ではちゃんと使いこなしています。

性格のようなものだと思ってください。よくしゃべる男もいるけど、無口な男もいる。それに似ています。

そして、女性にむかってよくしゃべる男の方が、無口な男よりも、相手の女性をより深く愛している、なんて言えないのと同じで、メールをすぐに送ってくるから愛情深いとは言えません。まめとおっくうは、愛情の度合いには正比例しないので誤解しないように。だから、あまり深刻に考えない方がいいでしょう。

愛情の度合いとは関係ないので、ご安心を！

女子にメアドを聞くのと聞かないのとの違いは？

正解を言うのは、女性たちに酷《こく》だと思うけど、ズバリお答えします。

もちろんというか、当たり前というか、相手の女性に対する興味の度合いに関係している。その女性についてもっと知りたいと思えば、メアドを聞くし、興味ないんだよねという場合は、聞かない。

中には一応の礼儀として（というのも変だけど）、聞く男もいる。

こういう男の場合、ほとんどメールが来ないから「社交辞令だったんだ」とすぐにわかる。だったら聞かなければいいのに、とあなたは思うかもしれないけど、その男としては、気を使ったつもりなんです。ちょっと的外れだけど。

非常に便利な恋愛ツールのように思えるメールにも、意外な落とし穴がある。というのは、メールのやり取りの方に気持ちが集中してしまい、それだけでエネルギーを使い果たして、実際行動としての恋愛に進まない時があるから。質問とは直接関係のないことながら、参考までに書いてみました。ホント、この本はためになるなあ。↑自画自賛

相手の女性に対する興味の度合いの違い！

件名なしのメールを送って来るのは、何かの作戦？

そこまで深く考える男はいない。

タイトルつけるのを忘れただけ。

よく恋愛の手練手管（あれやこれやのテクニックという意味）というけど、女性たちが思っているより、男たちはテクニシャンではありません。中にはそういう男もいるけど、全体から見たらほんの一部です。その一部がマスコミによって大げさな情報として流されるから、世の女子諸君は、男たちは全員恋愛のテクニックを駆使していると錯覚してしまう。

よく考えてほしい。

恋愛小説の主人公のような男が、現実にいるものかどうかを。

ごく一般の会社勤めの男性たちには、恋愛にさける時間が、小説の主人公のようにありません。したがって、恋愛テクを磨こうにも、磨く時間だって足りません。メールの件名をわざと忘れて相手の女性の気を引くなどという小ワザなど、考えつくような男はまずいないでしょう。それにこの程度では、気を引くことにもならないだろうし。

タイトルを忘れただけで、特に意味なし！

メールを「Re:」のままレスするのはなぜ？

またまた考えすぎ。

僕が感じるに、女子はあれこれ気を回しすぎるところがあるようだ。特に男子のすることには。そこのところが女性らしいと言えば、そう言えなくもない。

送られた件名に「Re:」をつけて返信するのは、新たにタイトルをつけるのが面倒くさいからです。

特別の理由はありません。

また、ビジネス系ではこの「Re:」をつけるケースも多いから、その流れで何気なくやっているとも考えられます。

それにしたって、特別の意味はない。

男のやっていることは、案外単純だと思っていい。男の僕が言っているのだから間違いない。男子が弱くなったなんて言われているけど、かなり誇張されていると僕は思う。男は昔も今も大ざっぱ。それでこそ男なんだと、声を大にして言いたいのであります。

タイトルつけるのが面倒だから！

どんな時、メールを送りたくなる？

あの子にちょっとメールを送ってみようか。

特に用はないんだけど。

などと男が思うのは、ちょっとさびしくなった時。

ということは、その男に興味があるあなたにとっては、絶好のチャンス！

敵のさびしさにつけ込め。

これは、昔も今も変わらぬ恋愛の鉄則。

さびしいとは、人さびしい、つまり人恋しいわけで、だれかにそばにいてほしいのです。そのだれかに立候補すれば、後はうまくいきます。

もちろんメールの文面には、さびしいなどとは一言も書きません。

でも、あなたはその書いてない言葉を読み取らなければなりません。

ちょっとカンを働かせれば、ちゃんと読み取れます。

この本は、恋の指南書としても使えるなあ。↑自画自賛（2度目）

ひとりでいて、さびしい時！

すぐレスしたくなるのは、どんなメール？

メール上手の女性のメールの特徴は？
さて、何でしょうか？
もちろん、受け取った男が、すぐに返信したくなるようなメールの特徴ですが……。
そりゃあ当然だけど、かわいげのあるメールです。
あまり丁寧すぎず……。
事務的なのは、もってのほか。
あなたのことを気にしていた、というのをかわいい文章で書きます。
「どーしてるのか、とっても気になって」とか。
「お仕事で疲れてない？」とか。
かわいげ＝気配り、と言ってもいい。
絵文字よりも、気持ち。
そういうのに、男子はコロッとまいってしまいます。

かわいげのあるメール！

女子に電話番号を聞くのと聞かない場合の違いは？

電話派かメール派かの違い。

そう言ってもいいでしょう。

携帯電話でも圧倒的にメールの使用頻度が多い男子は、直接相手とは話すよりも先にメールを送ってしまいます。そういう人にとっては、携帯はメールのやり取りに使う道具なのです。彼のような男子は、相手の電話番号よりもメアドを知りたい。だから、相手から電話番号を聞かなくても問題ありません。反対に、メールは面倒で電話の方が楽という男子は、相手に電話番号を聞くでしょう。というよりも、電話番号を聞いておかないことには、相手に連絡のしようがないからです。彼のような人は、直接相手の声を聞きたいという気持ちが強いわけではなく、メールが苦手だからそうしているだけです。

メールのできる携帯電話がある今は、電話番号の意味も以前と変わってしまいました。男子にとっては、女子の電話番号が聞けたというありがたみが昔はあったのに、今はあまりないのですから。

電話で直接話すか、メールでＯＫかの違い！

「君の声が聞きたくて」と電話するのは、本気？

便利なメールにも、ひとつ不便なところがある。

それは、相手の声が聞けないところ。

電話を通した女性の声は、男子にとってはたまらないものです。

顔や体が見えないだけに、実際に会っている時よりもセクシーなんです。

もっと極端に言ってしまうと、特に用件がない時に、女性の声だけ聞きたいから電話をする。男子はそんなふうに電話を使っていると言っても、過言ではありません。以前の電話の役割とは完全に違ってきています。メールは用事や連絡用、電話は相手の声を楽しむ時用。昔の人が聞いたらびっくりするでしょう、きっと。

これは僕の想像ですが、かなりの数の男子が、電話の女子の声に興奮していると思う。こんなこと言うと、何をオーバーなとあなたは言うかもしれない。でも、けして誇張ではありません。男たちは間違いなく、あなたの電話の声に感じています。いくら便利なメールでも、これだけは無理です。いやあ、電話ってほんとにいいもんですね。

電話を通した女子の声はセクシーだから！

電話でなかなか本題に入らないのはなぜ？

あなたの言いたいのは、こういうことかな。

つまり「特に用はないんだけど、どうしてるかと思って」とか「今度の土曜はヒマ？」とか言ってるばかりで、「今度の土曜、映画を観に行こう」とすぐに本題に入らないのはどうしてか、ということだよね。

まだ、そんなに親しい関係になっていない時の男子は、どうしても相手の様子をうかがうという態度に出てしまう。特に日本男子にはそういう場合に、ストレートに用件を言わない人が多い。本当はあまりいいことではない。これは、日本の男社会全体がそうなっているからだろう。つまり、会社などでは本音をストレートに言えないようになっているから、知らず知らずのうちにそれがプライベートにも出てしまうわけ。

女性からしたら、そういうのが煮え切らない態度に思えてしまう。日本男子も変わっていかないといかんと、僕は本気で思っています。そうでないと、女子たちの意識の進み具合に男子がついていけなくなる。それじゃあ、まずいものね。

本音が言えない男社会に問題あり！

女子からの電話はうれしい？

もちろん、大喜び。

だけど、女子からの電話って、意外と少ないんだよね。

メールはけっこうあるのに。

日本男子がなかなか本音を言わないのとどこか似ていて、日本女子はなかなか受け身の態度が抜けないでいる。

日本の女子は以前よりも積極的になったとはよく聞くけど、現実にそうなのは僕の目から見るとまだまだ少数派。大多数の女性たちは引っ込み思案で遠慮がち。確かに意識の点では男子よりも先を行っているけど、それに実際の行動が伴っていないように思えます。

だけど、男にも責任がある。デートの時に女性がいろんな店などを知っていると、急に不機嫌になるような男性もいると聞いた。それがよくない。自分が知らないのなら相手の女性に任せればいい。口は出さないが金は出す、でいいじゃないか。そういうのが本当の太っ腹なんだから。なのに、男のプライドが傷つくなんて言ってるんだから、困ったもんだ。


もちろん。だからどんどん電話して！

また、かけたくなる電話って？

二股かける？

いや、間違えました。

また、かけたくなる電話ね。

そりゃあ、女子の本気が伝わって来る電話に決まってるじゃないか。

本気なのはどこでわかるか？

声の調子ですよ。

使う言葉ではなく、声の調子……。

気持ちが入っていると、声の調子が違うんです。

男よりも女性の方が、感情が声に出やすいしね。

優しくこちらを包み込んでくれるような、と言ったらいいのか、とにかく柔らかい感じの声になる。そんなの聞かされた日にゃ、もうたまりません。我慢できなくなる。えっ、何の我慢か？って、それはあなたのご想像におまかせしたい。

女子の本気が伝わってくる電話！

口説きの本気度は、メール、電話、直接対面で違う？

なんと言っても、直接会って口に出して言う口説き文句が、一番本気度が高い。

メールでのやつは、ちょっとした予告編みたいなもの。

相手の出方をうかがいたい時は、ひとまずメールで口説いてみる。

だから、口説きというよりも、口説きの予行演習といった方がいい。使う言葉も「愛してる」とかよりももっと軽い「好き」とかを使う。ただし、文章的にはかなり凝っていて、相手を感動させるような殺し文句も使う。「君に会えたのが信じられないくらい、僕にとっては人生最高の出来事だった」とかの。

電話での口説きは、今はあまり流行らない。電話で長々と話すくらいだったら、実際に会って話した方がリアルだし、表情つきだから、気持ちが相手に伝わりやすいので。

そして、実際に対面しての口説き。メールみたいに文章的ではなく、意外と短い言葉になってしまうが、それを補う表情が見せられるのが強み。目の前に相手がいれば、言葉は少なくたって、本気だというのがちゃんと通じるから。

メールは予告編、電話は今風でなく、直接対面が本気度最高！

Chapter 6

彼女といても他の女性に目がいくという男の困った習性

男子から告白するのはどう思う？

つきあいたい。

そう告白するのは……。

男からだろうと女からだろうと、たいして変わらない。

ほとんどの男子はそう思っている。

女子は男子に告白されたいと思っているようだけど、男子はどちらが告白するかをあまり重要とは考えていない。

それに実際には、告白なしの場合もある。ドラマや小説の中では、告白の場面がドラマチックに描かれるが、現実にはあんなふうにことが運ぶのは、むしろめずらしい。いつの間にかつきあっていた、というケースも多いはず。

いずれにしても、告白されるという設定は、いかにも女の子らしい発想だといえる。女性は恋愛を思いきりドラマチックにしたいと思っている。ところが、男子はそこまでしなくてもいいと思う。恋愛に全エネルギーを注ぐ女子に比べ、男子は意外と冷静なのかも。


どちらからでもいいんじゃないの！

会って直接告白するのがベスト？

男からでも女からでも、直接会って相手に伝えるのが一番いいやり方。メールとか電話とかでは、相手に気持ちがちゃんと伝わりにくいから。お互いの顔を見て話をする。

これが、人間関係の基本だった。

ところが、メールの発達によってそうしなくても、用が足りてしまう世の中になった。会社内で席が近いところにいる相手にも、メールで用件を伝える人もいる。それって本当はおかしいんです。面と向かって人と話すのがそんなに嫌だなんて、僕からしたら信じられない。人は人に会って何かを伝えるのが、もともと自然な形だと僕は思う。恋愛も人間関係のひとつである以上、自分の気持ちを相手に伝える時は、基本通りに直接会うべきなんです。

人の気持ちはその人の顔に出る。メールや電話ではそれが見えません。気持ちのやり取りこそが、人間関係にとって一番大切なこと。お互いの気持ちをしっかり確かめあうのだって、直接会ってお互いの表情を見ながらでないとできません。

直接会わなければ、何も始まらない！

つきあい出すとだんだん冷たくなるのはなぜ？

冷たくなったのではありません。

お互いに相手に慣れたんです。

だから冷たいのではなく、自分を隠さずに相手に見せているのです。やさしくないと女性が言うところの男子の態度は、相手の女性に理解されているとの安心感からきています。つきあい初めのころは、ボロを出すまいと緊張していたのが、慣れてしまうと、これぐらいしても許してくれるだろうと気がゆるみます。悪く言えば雑に、よく言えばフランクになったわけです。

そういうところが、女性からするとやさしくなくなったと思えるのでしょう。

また、男子だけが一方的にそうなるわけではなく、実は女子だって、つきあった当初のような態度ではなくなっています。男性はいちいちそれを言わないので、細かく言う女性の方が目立ってしまう。そして、悪いのは男の方だけのように思われてしまいます。

冷たくなったのではない、慣れてしまっただけ。

そんなふうに前向きに理解してください。


冷たくなったのではなく、相手に慣れただけ！

つきあい出すとメールが減るのはどうして?

つきあい初めは、男性も不安でいっぱいです。
相手の女性が自分を嫌わないだろうか?
自分から離れて他の男のところに行かないだろうか?
本当に自分のことが好きなんだろうか?
こんなふうに、心配はいくらでもあります。
だから、何かというと女性にメールを送って、自分の方に注意を向けるようにします。
ところが、ある程度時間が経過すると、男性はもう安心します。
彼女はもう自分を嫌わない。
他の男には見向きもしない。
自分のことを好きになってくれている。
こうした安心感が、女性に送るメールの件数を減らすといってもいいでしょう。
男って、やっぱり単純です。

男子が安心している証拠!

「出かける時は連絡する」という約束は苦手？

自分がどこかに出かけるのを、事前にいちいち女の子に言うのは、男子としては面倒だから、そんな約束は絶対にしたくない。

一度そんな約束したら、後が大変です。ずっとそれを守らなければいけないのだから。男は基本的に、常に自由でいたい生き物なんです。彼女がいようといまいと、独身であろうと結婚していようと、男性はいつも自由気ままに暮らしていきたいと思っている。

しかし、それをあれこれ理由をつけて阻止しようとするのが、女性たちなんです。

私はあなたの彼女なんだから、とか。

私はあなたの妻なんだから、とか。

その「だから」というのは、男からすると、けして理由には思えないんだけど。

どうして、女性は男性をしばりたがるのでしょうか？　その理由が、僕たち男にはわからない。僕たちは束縛されたくない。でも、女性たちはそうしようとする。

これは、永遠にわかりあえないポイントかもしれない。

どこに出かけようと、僕の勝手だろう？！

デート中、他の女子を見るって、ルール違反！

ルールねえ……。

どうも納得できない。

ちょっと見ただけなのに。

別にその子に声をかけようってわけじゃないんだ。

見るのぐらいいいだろう。

実害は何もないんだし。

男はそう思って、むしろ見て当たり前だぐらいの気持ちでいます。

自然に目がそっちにいってしまう。

だから、見よう見ようと普段から狙っているわけではない。もしそうだとしたら、それはよくないこと。でも、見ようとしてなくても見てしまうのは、男として、いや、オスとしての本能なんです。

本能まで否定されるのは、どうかと思うけど……。

オスとしての本能なんだ！

元カノとの思い出の品を捨てないのは？

それはですね、猫が外に出て、虫などを捕まえて来たのを、飼い主に自慢するのと似ています。といっても、男子の場合は飼い主はいないから、自分への自慢といっていいでしょう。どうだ、自分には元カノとこんな思い出があるんだぞと、写真などを見て、ひとり自慢をしています。

女性は元カレとの思い出の品は、どんどん捨ててしまうのでしょうか？

必ずしも、そうではないような……。

それと同じです。

自慢というところは、女性と違うかもしれないけど。

男は確かに猫レベルですから、子供っぽいといえばかなり子供っぽい。ひとり自慢なんて子供そのものですよね。だから、思い出の品というよりも自慢の品なんです。そこのところが、女性には理解できないのだと思います。

男子諸君、ただちに反省して、自慢の品を捨てなさい！

思い出の品ではなく、自慢の品なので！

キスのタイミングは、どうはかる？

いつキスをすべきかは、つきあい始めてからずっと頭にある。

もう、そのことだけと言ってもいいくらいに。

それに、男子としては、キスに関して女子の注文がいろいろとうるさいのも、情報として知っている。

何度目のデートが正解なのか？

昼間でもいいのか？

最初のキスで舌を入れてもいいのか？

さらに、長々とやるのか、あっさりなのか？

女性に嫌われるようなキスだけは避けたい。これが全男子に共通の思い。

しかも、女性はいきなりのキスに弱いというのも頭にインプットされているので、いつ いきなりやるのかをずっと考えている。そして、肝心の質問に対しては、月並みな答えしかできない。それは、お互いのムードが高まってきたら、という答え。

ムード重視としか言えない！

エッチのタイミングは?

エッチはいつするのが正しいと、男たちは考えているのだろうか?
エッチに対する考え方は、いかにも男性らしく非常に単純明快。
キスの次。
それしかありません。
ということは、キスしてそのままエッチに、というケースだってあるわけです。
初キスが、イコール、初エッチ。
それでも何の不思議もありません。
とにかく、キスの次ならいつだっていいのですから。
キスを許してくれた女性は、エッチも許してくれる。
これが男性たちの思い込みです。
おそらく、女性たちの考えとは違うでしょう。
でも、男たちはそう信じています。そして、その考えを変えようとはしません。

キスの次と、単純に考えている!

Chapter

7

つきあっていても、男と女ではこんなに違う

「仕事が忙しい」が口グセなのはなぜ？

口グセになっているということは、本当に忙しいからなんです。

特に若い男子社員には、いろんな仕事が回されます。

そして、それはある意味当然なことです。

会社にしても、ただ押しつけているわけではありません。若いうちにいろんな仕事をしておけば、将来社内での地位が上がっても、全体をちゃんと見渡せて、部下に適確な指示を出せるからです。

まさに若いうちは、修行の時なんです。

だから、若い男性の仕事量がハンパではないのは、むしろ当然といえます。若いのにヒマだったら、それの方が問題です。こいつは使えないヤツだと思われて、干されているからかもしれません。忙しい男性は、それだけ上から頼りにされていると、思っていいでしょう。

だから、彼の言う「仕事が忙しい」は、単なる口グセではありません。

女性としては、そこのところまで、考えてあげましょう。

ほんとに忙しいから！

遠距離恋愛って、やっぱり難しい？

恋愛中の男女が離れているというのは、けしていいことではありません。

恋愛は、物理的な距離の近さによって成り立つ。

そうも言えるからです。

遠く離れた人のことを、ずっと思い続けるのは難しい。

たまに会うようにしていても、会っていない空白の時間が問題です。

女性に比べて男性は、恋愛に関して意志の弱いところがあります。

その結果、恋人に会えないさびしさを、自分の近くにいる女性でまぎらしてしまう。

確かにいけないことですが、人間は弱い生き物です。遠くの彼女よりも近くの女性、となるのは否定できません。

もともと男性には、恋人がいても他の女性に目移りする傾向があります。まして、遠く離れているとなると、普段顔を合わせている女性に興味がわきます。そんなの浮気じゃないかと言われればそれまでですが、会えない空白の時間は、男にとって耐え難い苦痛なのです。

相当難しい！

学生時代の恋愛関係を、社会人では続行不可能？

女性よりも男性の方が、社会に出てガラリと変わる人が多いと僕は思う。

どうしてそうなるのか？

学生時代なら、上級生と下級生の年齢差がたいしてありませんが、社会に出るとかなりの年齢差の中で、仕事をしなければなりません。社会に出た男子は、学生時代とは違うものの考え方の人たちに、初めて出会います。年がずっと離れた先輩、あるいは上司が、その人たちです。すると、女性や恋愛に対する考えに関して、そうした年上男性の影響を受ける場合があります。そこで学生時代とはガラリと変わってしまう、というわけです。

そうか、待てよ、今のままの恋愛を続けていくのは、考え直した方がいいかも。

などと考える人も、男子の中には出てくるでしょう。もちろん、例外はありますが。

年の離れた男たちの影響を受けるのが、いいか悪いかはなんとも言えません。

それはともかくとして、こうした事情で学生時代のつきあいをやめるケースもありえます。

女性にしたら納得できないでしょうが、新しい環境が彼を変えてしまうのです。

男子の場合、社会人になるとガラリと変わる人もいる！

社会人の男子から見て、女子学生はどう？

個人差はもちろんありますが、社会に出たての男子から見たら、女子学生は子供に思えるでしょう。

会社にいる女性たちが、女子学生の彼女よりもずっと、アカ抜けて見えてしまう。

学校と会社では、環境がまったく違います。

仕事をしている女性は、社会に出たばかりの男子からは輝いて見えます。

大人の女。

そんな言葉が彼の頭の中には、きっと浮かぶはずです。

また、仕事をしている自分のことを、同じように仕事をしている女性ならわかってくれるけど、学生だとなかなか理解してくれない。そんな不満を感じるようにもなります。

そこで、学生の彼女との恋愛に終止符を打ち、数年間は仕事に没頭してから、例えば社内で相手を見つける、というケースもあります。社内恋愛の多くは、そうしたプロセスを経た結果なのです。

女子学生が子供に思えて、つまらなくなるケースも！

会えない時間が増えると、心も離れるもの？

会えない理由はいろいろあると思うけど、どのくらいが限界なのか？

男子が我慢できるのは、3週間がギリギリだと思う。

人によっては、もっと短いかもしれない。

物理的距離としては近くにいたとしても、時間的になかなか会えないとなると、恋の行き先が不透明になる。女性は根が真面目だから、男よりも仕事に熱中するタイプの人も多い。

男性だと口では「忙しい」を連発するのに、なんとか無理して時間をつくって女性に会うものだが、女性にはどうやら、そういうことができる人が少ない。悪く言うと、融通がきかない女性が多い。

女性が恋愛そっちのけで仕事ばかりしていると、男性としては欲求不満がたまってしまう。主に性的な不満なのだけど、それが男の心にも影響を与えるから、安易に考えるとやっかいな結果になる。体がきっかけで心が離れてしまう。男性のそうした心理は、女性にはわかりにくいと思うが、男の生理と心理は、実はかなり密接に関係していると覚えておいてほしい。


男をほったらかしにしておくのは、かなり危険！

仕事が忙しい時気を使って連絡を控えられたら？

女性の気配りが、時には逆効果となる場合がある。

彼の仕事が忙しいから、連絡するのはよそう。

そう思うのは、女性としては優しさのつもりだろうけど、男性としては、必ずしもそうとは受け取らない。

忙しい時に連絡されても、それが自分の彼女だったら非常にうれしい。

そうではなく、時々気が向いた時にしか連絡してこないような相手（男でも女でも）だったら、いい加減にしろよと怒鳴りたくなります。

仕事が忙しい時に、電話などで聞く彼女の声は、その男子にとっては癒しとなります。ただし、長電話や長メールは禁物。「お仕事、がんばってね」というツボを押さえた短い言葉だけで、十分。

もちろん、タイミングも重要。あまりに頻繁だと迷惑だけど、たまにだったら、ほんとに励まされます。

それはそれで寂しい！

手づくりプレゼントは、うれしい？

手づくりだから気持ちがこもっている。

これが女性たちのごく一般的な考え方だと思うけど、男は別に手づくりでなく、店で買った物でも十分に気持ちがこもっていると思う。

だから、女の子たちが思っているほどに、手づくりのプレゼントをすごいとは思わない。

それともう一点、男性は物に関して本物志向のところがある。女性のつくった物が偽物というわけではないけど、プロのつくった物に比べたら、本物とはいえないのではないか。

手編みのマフラーとかいっても、商品として売られている物の方が、品質、デザインともにしっかりしているし、手づくりのケーキなども、プロのつくった物の方が明らかにおいしい。

どうせ物をもらうなら本物がいい。これが、自分の彼女にはそう言わないかもしれないが、男たちの本音なのです。

もちろん、腕前がプロ級の女子がつくった物なら、何でもＯＫです。例えば、ケーキ職人の彼女がつくったケーキなら、どんな男も文句は言いません。

下手な手づくり品なら、もらいたくないというのが本音！

誕生日のプレゼントはどんな物がいい？

誕生日のプレゼントに限らず、自分の欲しいと思っている物がいい。

ところが、思い違いをしている女の子もいる。

彼女自身がいいと思った物を、男性にプレゼントすれば喜ばれる、という誤解。

僕も以前ある女性から、キャラクターのついた目覚まし時計をもらって、困ったことがある。

僕の好みはそういうのではなく、いわゆるデザイン物なのに、彼女はそのことがよくわかっていなかったようだ。その時計は彼女の趣味だった。こういうプレゼントが一番困る。

自分がいいと思う物ではなく、相手が欲しがっている物。これが、人に贈り物をする時の鉄則です。

ということは、事前に情報収集をしておかなければいけない。

彼が何を欲しがっているのか、ちゃんと調べよう。

本人にストレートに聞けばいい。

彼のことを本当によく知っているのなら、その必要はないと思うけど。

相手の男性が欲しい物！

バレンタインは、義理チョコでもうれしい？

義理チョコでも何でも、もらえればうれしい。

例えそれが義理チョコだとしても、女性がわざわざどこかで見つくろってくれたのだから、その気持ちに素直に感謝します。

もっと現実的な理由もあります。

男子は、もらったチョコの合計の数を気にする。

義理チョコもそうでないのも、合計する時は同じに数えます。だから、義理チョコも重要だという現実的な理由です。

もちろん、合計の数は多ければ多いほどうれしい。

かなり単純ではありますが。

また、男は妄想が得意だから、義理チョコをくれた相手との恋愛を想像して、楽しむこともできる。現実にはありえない恋愛だとしても、勝手に想像するのは男の自由。それに、相手の女性に迷惑をかけるわけでもないし。

義理でもうれしい！

？ホワイトデーのお返しは、どこに気を使う？

あまり高価な物は、女性の負担になるから避ける。

下着などの、ごくごく個人的な物もパス。よっぽど親しければ別だけど。

ブランド品の場合は、相手の好きなブランドを調べておく。この場合も高価なバッグなどは避け、キーケースのような小物にする。

身につける物の場合は、相手の好きな色にする。

女性の雰囲気に合う物を選ぶ。その人らしさを尊重する。

指輪、手袋などは、サイズがぴったり合うようにする。

など、男子もそれなりに気を使っていますが、なんといっても、その女性の好みに合わなければ意味がない。だから、その点を注意します。

それと、もっと基本的な心構えとしては、お返しなんだから大げさな物は贈らない、という点。そういう意味では、気のきいた文房具などがいいかもしれない。最近、オシャレでかわいいのがいっぱいあるから。いずれにしても、男のセンスの見せ所であるのは間違いない。

大げさな贈り物にならないよう注意！

もらって困るプレゼントって？

誕生日のところで触れているから、今さら説明することもないと思うが、念には念を入れてもう一度。

高価だけど、その男性の趣味とは違う物。特にネクタイには、こういうプレゼントが多い。キャラクターつきの、女性が「かわいい」と思うような物。普通の男は、かわいい物を欲しいとは思っていない。

下手な手づくりの品。形のよくないセーターなどは最悪。

どうやっても使いそうにない物。僕はヒゲ剃りセットをもらった経験があるけど、わざわざ石けんの泡をたてて、カミソリでヒゲを剃らない僕には必要なかった。そんなのシェーバーで簡単にできるから。自分の持っている「男のヒゲ剃りのイメージ」を、彼女は僕に押しつけようとしただけ。

まとめ的に言うと、相手の男性のキャラクターに合わない物が、もらって困るプレゼントなのです。そこんところを、ちゃんと研究してほしいと願います。

自分のキャラクターに合わない物！

長年、部屋の鍵をくれない彼女をどう思う？

部屋の鍵を相手の男性に渡したら、何をされるかわかったものじゃないとでも思っているんだろうか？

もしそうだとしたら、男としてはとても悲しい。

信用されていないわけだから。

何かの時に鍵があったら便利というだけなのに。

用心深いにも、ほどがある。

警戒心が強い？

ということは、いったい何を警戒しているのか……。

例えば、留守中に入ってドロボーするとか。まさか、そんなことするわけないだろう。

結局、心を許していないのではと、男としては思いたくなる。

何のために、長い間つきあって来たんだろうか、非常に疑問としか言いようがない。

今後つきあうのをどうするか、考えたくなる。

結局、心を許していないのでは！

結婚するつもりのない彼女が、妊娠したら？

えーっ、妊娠！
大丈夫だと言ってたのに。
もしかして、計画的？
妊娠したら、男の方が結婚しようとでも言うと思ったのか。
確かに女性が妊娠したので、あわてて結婚というカップルはいる。
しかし、その場合は、お互いに結婚という気持ちが少しでもあった場合。
全然そんなのなく、ただ単につきあっている場合は、おろしてもらうしかない。
だって、できちゃったから産むなんて、あまりにも無責任すぎるから。
空気を読んでほしい。
ほとんどの男は、妊娠に関しての知識は女性の方があると思っている。
だから、女性に大丈夫と言われれば、それを信じてしまう。
もしわかっていて嘘をついたとしたら、それこそルール違反になりはしないだろうか。

おろしてもらう！

彼女がいるのに、元カノと会えるのはなぜ？

元カノと会ってしまう時の状況は、99%、元カノの方から連絡があった時なんです。ひどいのになると、むこうからこちらをふっておきながら、連絡してくるんですから。そして、電話などで話しているうちに、どちらからともなく、会おうということになるのがほとんど。

そうでなければ、こちらから会おうなんて言いません。

しかも、その元カノには現在、彼がいたりするケースもあります。

だからって、会わなくてもいいじゃないのと、女性たちは必ず言いますが、元カノのなんか思わせぶりな態度に、ついその気になってしまうんです。相談したいことがあるとか……。男はそういうのに弱い。しかも、会ってどうこうしようというつもりはありません。

男たちは元カノの存在を、心のどこかに残しておきます。そこに電話ですよ、元カノから。男と女の関係は微妙なんです。いいわけにしか聞こえないだろうが。

自分からではなく、元カノから連絡があったので！

彼女の手料理に、文句が増えてくるのはなぜ？

つきあいが長くなると、それまで遠慮していたのがなくなる。これ、特に男性によく見られる傾向です。

そこで、女性のつくる料理に関してですが、最初のころは多少まずくても黙ってるのですが、そのうちにいろいろと不満を言いたくなります。

だから、単に料理に文句をつけているわけではありません。

男としては、女性を信頼しているのです。

お互いに言いたいことを言いあう。そんな関係を理想的だと男たちは考えているのに、女性はまだどこか遠慮していて、言いたいことも言わない。ここに、男女間の微妙なズレが生じて、トラブルに発展するケースもあります。

女性も黙ってないで、どんどん言いたいこと、言った方がいいと僕は思います。

女性のつくった料理に何も言わなくなったら、あきらめてしまった証拠なので、女性としては喜んでばかりもいられません。反応がないのは、けしていいことではありません。

何でも言いやすくなるから！

だんだん週末デートを嫌がるようになるのはなぜ？

デートもつきあい初めのころは、新鮮で楽しくてしかたありません。

ところが、回を重ねるうちに、だんだん新鮮さも薄れてきます。

デートのパターンが決まってしまうからです。

同じような所に行き、同じような物を食べ、同じような会話をする。

ふたりの関係に、マンネリがやって来たわけです。

でも、女性はそのマンネリこそが、安定した関係の証拠だと思います。

反対に男たちは、つまらなさを感じます。

同じことに対して、男と女ではこんなにも受け止め方が違うのです。

ところが、それについて、ちゃんと話しあうカップルは少ない。

女性の側も「どうして？」と疑問を持ちつつ、男性に問いただそうとはしません。そんなことを言って、嫌われないかと心配なのでしょう。

でも、お互いの感じ方の違いについては、一度話しあうべきでしょう。

女性はあまり感じていないマンネリを、男は感じている！

だんだんお出かけデートをしなくなる理由は？

外でのデートの時、男が主導権を持ちます。

主導権などというと聞こえはいいのですが、実はそれだけ気を使わなければならず、気疲れも多い。

まさかそれを相手の女性に言うこともできないので、男性は平気な顔をしていますが、内心ではもっと楽がしたいと願っています。

女子をあきさせないようなデート・コースを決めて、話題も用意しておかなければなりません。観光地のガイドのような役目も引き受けます。

その結果、サービスするのに男は疲れてしまう。

だから、お出かけデートが、だんだん楽しくなくなる。

たまには、部屋でのんびりしたい。

そのうち、「たまには」が、「いつも」になってしまう。

それではいけないと、わかっているのですが。

サービスするのに疲れている！

だんだんやさしい言葉が減るのはなぜ？

つきあい初めのころは、男がやさしい言葉を言ってくれたのに、だんだんそれを言わなくなるという経験を、多くの女性はしているはずです。

だからって、相手の男性がやさしくなくなったと、結論を出すのは早とちりというものです。やさしくなくなったわけではありません。もちろん、嫌いになったのでもありません。

毎回毎回、やさしい言葉をかけなくたってわかるだろう。

これが、男たちの本音です。

特に日本人男性は、面倒くさがりやなんですよ、そういうことに関して。

ところが、女性たちはいつもそうしてもらいたい。

ここにも男女の違いがあります。

男の気持ちが変わったのではないのだと、女性たちに理解してもらうしか方法がありません。僕としては、たまにはやさしい言葉をかけるように努力しなさいと、男たちにも言うつもりですが。

いちいち言わなくてもわかっているのでは！

結婚の話をはぐらかすのは、逃げてる証拠？

結婚に対する考えには、男と女ではものすごい差があります。

女性は、ひたすら結婚にあこがれます。

男はそうではありません。

結婚は人生の墓場だと、考えます。

はっきりそう意識していない男性でも、無意識のうちに結婚を避けているのです。逃げているといえば、確かにそうもいえるでしょう。

結婚によって、何もかもが決められてしまう恐怖。

男性にはそれが強くあります。

身を固める。そんな言い方があります。

結婚して行いを正しくする、という意味です。平たく言うと、ふらふらしてないで、生活を安定させる、となります。ところが、男たちはいつまでもふらふらしていたい気持ちが強い。

それで、なるべく結婚を先延ばしにしたいのです。


結婚によって将来が決められてしまう、と思う！

幸せにしたいと思うのは、どんなタイプ？

それぞれ男には好みがあるので、どんなタイプと言われても……。

外見的なことを別にすると、やはり性格のよさが重要なポイントとなります。

性格のよさとは、ちゃんと尽くしてくれる、という意味です。

自己中心的で、自分のメリットしか考えていない。

そんな女子を幸せにしたいと思う男は、まずいないでしょう。

男が使う「気持ちの優しい女性」という言葉の意味は、もちろん「男に対して優しい」ということで、それをさらに具体的に言うと「尽くしてくれる」ということになります。

さて、今の世の中、そういう女性は本当にいるのでしょうか？

昔のように、何もかも男性のために、というタイプは少ないと思います。

でも、自分のことも相手のことも、同じように考えられる女性なら、それでいいのではと僕は考えます。

それでも、十分に現代的な尽くし方だから。

尽くしてくれる女子！

「結婚する／しない」の境界線はどこにある？

結婚はやはりお互いの気持ちが、ピッタリ一致しないとできません。

この章では、男女の違いに焦点をあてて書いてきましたが、結婚を決意する瞬間に関しては、男女に差はありません。

ふたりの恋愛曲線が、結婚という一点に関しては、重なるのです。

その他の点では、それぞれ異なる恋愛曲線だとしても。

でも、あなたが聞きたいのはそれではなく、結婚したくなる女性はどんなタイプか、ということでしょう。

その答えは、すでに幸せにしたい女子の項目にありますが、もう1点条件をつけ加えるとすれば、パートナーとしての賢さだと思います。

パートナーとしての賢さとは何か？　それは、マネージャーとしての優秀さです。エッチが上手というだけでは、いくら何でも結婚には踏み切れません。結婚生活のマネジメントがきちんとできる女性だと思えれば、男性は結婚を決意するはずです。

パートナーとして向いているかどうかも重要！

Chapter

8

男と女、それぞれの浮気をどうするのか

男の考える「女の浮気」はどこまでなら許せる？

女性の場合は、男と違って、体と心を切り離せない場合が多い。

女性に言うと、そんなことはないと答えるけど、実態はけしてそうではないと思う。

ということは、彼以外の男とふたりきりでお茶を飲んだだけでも、浮気と呼んでいいのではないか。

ずいぶん厳しいと思うかもしれないが、女性の気持ちは常に揺れ動いているものだから、どんな小さなきっかけでも見すごすことはできない。自分は束縛されたくないのに、彼女のちょっとした行動にも男がうるさいのは、女性の気持ちが不安定なのをよく知っているからだろう。女性の「心の揺れ」と男性の「ふらふら遊びたい」では、その意味が根本的に違うのです。

男の浮気は浮気のままに終わることが多いが、女の浮気は本気につながる恐れがある。それをよく知っている男たちは、だから女性が他の男と気軽にお茶を飲むのを、危険信号と受け取る。それが本気に発展しないとは、決められないから。

他の男とふたりきりの段階で、危ないと注意する！

男の考える「男の浮気」とは？

男の浮気は、女性の場合と大きく異なる。
体の関係になっても、浮気は浮気である。
「遊び」のつもりなら、それはどれも浮気と言っていい。
この「遊び」というのが、女性に理解しにくいらしい。
簡単に言ってしまうと、エッチ目当てなのが「遊び」。
そういう意味では、普通の女の子相手でも、風俗嬢相手でも、何も変わらない。
彼女がいるのにどうして、他の女性ともエッチをしたがるのか？
男の生理なんです。
生理といっても、ナプキンの必要なあれではありません。
要するに、男の性欲がそうなっているという意味です。
もちろん、例外の男もいます。
彼女一筋の男性で、それを一穴主義とも言います。ずいぶんと品のない言い方ですが。

「遊び」なら、全部浮気！

浮気がバレてるのに、なぜ平気で嘘をつく？

それは、どこかでだれか（先輩？）に教わったからです。

とにかく嘘をつき通せ、と。

絶対に認めてはいけない、と。

極端な話、ベッドに彼女以外の女性といるところを彼女に見られても、「やってない」と言い張るのが男なんです。

明らかにやっているのに。

男ってバカなんですね、ほんとに。

否定するしかない、そう信じているんです。

そうすればいいのだという根拠は、どこにもありません。ないけど、そうします。

このオレが言ってるのだから信じろ、という感じです。

ちょっとでも冷静になれば、自分の彼女が信じるわけはないとわかるのに。

どうしてと聞かれても、男性自身もまともに答えられません。


とにかく嘘をつき通すのが、一番いいと信じている！

彼女が浮気した時、まず彼女を責めるのはなぜ？

自分の彼女の浮気が発覚した時、大多数の男は彼女を責めます。

相手の男を責めたりはしません。

特に女性についてよく知っている男ほど、自分の彼女をなじるものです。女性心理をよく知らないマヌケな男は、相手の男のところに文句をつけに行ったりしますが。

どうしてかというと、男女関係において、最後の一線を超える主導権は、女性の側にあるからです。レイプなどの特別な場合を除いては、女性がOKしない限り、体の関係は成立しません。男がいくらその気であっても、女性が許さないとエッチはできない。

男女の関係は女性次第。

だからこそ、どうしてOKしたのかと、男は自分の彼女を責めるのです。

相手の男が強引だったからと女性がいいわけしても、レイプされたわけではないだろうと、男はしつこく追及します。確かにレイプされたわけではなく、女性がOKしたからそうなったのです。この件に関しては、男性は正しいと言えます。

どんな男女関係でも、女性の側に主導権があるから！

好きになった子が、実は男だったらどうする？

絶対に男だとはバレないような、オカマの人がいるのは事実です。

そんな女性（ほんとは男）を好きになった男は、事実を知った時どうするのでしょうか？

常識的な男の場合は、ふたりの関係を止めます。

当然だと思います。

いくら性転換手術をしていても、男は男なんですから。

中には物好きな男がいて、関係を続けようとするかもしれない。しかし、そういう男性は、間違いなく全体からしたら少数派です。

僕には詳しくはわかりませんが、人工の膣に挿入して果たして気持ちいいものでしょうか？

おそらくそんなに気持ちよくはないでしょう。

そこまで考えたら、いくら相手がかわいい女、いや男性だとしても、関係を続けるのは無理だと思います。

本物の女性よりもかわいい人もいるのだから、実にまぎらわしい。

正直、引く！

「仕事と私、どっちが大事？」は、NGワード？

仕事と私……という女性の決まり文句は、実に迷惑！

メチャクチャな比較だから。

本来比べられないものを比べろ、と言っているのですから、無理難題をふっかけられているのと同じです。

だいたい、どうしてそんなふうに比べるのかが、僕たち男には理解できません。

仕事と人間を比較するなんて、もともと無理な話です。

仕事によって、その男性は成り立っているとも言えます。

男にとってそこまで大事な仕事を、女性たちはいったいどう思っているのでしょうか。

理解がないという意味では、ひどすぎ。

だいたい上司から言われている仕事を放り出して、女性とデートする男なんているわけないし、もしいるとしたら、ロクでもない男に違いありません。

こんなNGワードを使う女性たちよ、男をダメにしているのに気づいてほしい。

比較じたい無理なんだから、NGワードに決まってる！

「友だちと遊びに行く」と言うと、なぜ嫌がる？

女子が使う「友だち」という言葉。

こんなズルい言葉はありません。

第一、意味不明です。

友だちと言ってしまえば、男友だちも女友だちも皆、入るし。

だったら、はっきりどちらなのかを言えばいい。

しかし、女たちはそれは言わない。

女をよく知っている男子ほど、このあいまい表現に悩まされ続けて来たはず。

女性の本音を言えば、男の友だちといっしょの時に、この「友だち」というのを使うのです。

あるいは、男の友だちも混じっている時に使います。男性（この場合、彼氏）もそうだと察してはいるのですが、追及すると小さな男だと思われはしないかと考え、それ以上聞かないのです。そんな男の気持ちを逆利用して「友だち」と言うのだから、僕はズルいと言ったのです。

この言葉には、どこか不穏な響きがある。男性はほとんどそう思っています。


「友だち」の意味が、どこまでも不透明だから！

いろんな記念日を、なんで忘れちゃうの？

ふたりの記念日に、男性はあまり興味がない。

いったい何の記念なのか？

会社の創立記念日なら、まだわかる。

そういう公の記念日に比べて、あまりにもマイナーな記念日ではないだろうか。

男からすると、とてもちまちましたことに思えてならない。

憲法記念日なら、よくわかる。

何しろ国民の祝日になっているぐらいだから。

カップルに関する記念日なんてそういうのに比べたら、しょせん、プライベートなものじゃないか。

どうして、女性たちはしっかり覚えているのだろうか？

男には理解しがたい。

社会的に意味のある記念日の方が、ふたりのそれよりも重要ではないだろうか。

社会的に意味のある記念日ではないから！

Chapter

9

セックスに関する男たちの本音を暴露

「据え膳食わぬは男の恥」はホント？

「据え膳食わぬは……」のもともとの意味は、据えられたお膳にあるものは、ちゃんと食べないと男としては恥ずかしい、というもの。それが、女性が明らかにその気になっているのに、相手をしないのは男の恥というふうに、男女関係のことにも使われたのです。据え膳のものも女性も、食べちゃわないと、男として恥ずかしい。性欲旺盛な男子には、非常に都合のいい言葉ですよね。

これ、言い換えると、男は愛がなくてもエッチができる、という意味でもあります。

そうなんです、できちゃうんです。

頭でそう考えているからではなく、体が自然に反応してしまうから。

便利にできていると言えば言えますが、私の彼もそうなんだと知った女性は、がっかりするでしょう。

そして「男って不潔ね」などと言われてしまうのだけど、体の一部に変化が起こってしまうのだから仕方ない。元気すぎる男性自身（例のアレのこと）がいけないんです。

男は愛がなくてもエッチが可能！

「昼は淑女、夜は娼婦」が理想？

見た目はおしとやかで、品があって、控えめな貴婦人のような女性。

しかし、それはあくまでも昼間の姿。

夜になるとまるで娼婦のようになる。

エッチに関して情熱的で、いろんなテクニックも習得している女性。

昼と夜ではまったく違う女性を、男性は理想とします。極端なまでの落差がいいと、男たちは思っています。「まさかあの女性が」と思えるようなケースを、男性は望んでいます。

「そんな女、男の妄想が生み出したものでしょ」と考える女性もいるかもしれませんが、必ずしもそうではありません。世の中には、まさに「昼は淑女、夜は娼婦」のような女性もいます。

しかし、だれがそうなのかは、周囲にはわかりません。

「そんなの、男の妄想よね」と言っている女性が、実はそうだったということもありえます。

これだけは、当事者でないとわからない。エッチは昔も今も秘め事なので、そのカップルしかほんとのことを知らないのです。

それが、男にとっては最高の女性！

床上手の女性はやっぱりいい？

まず、床上手とはどんな女性なのか、説明しましょう。

文字からだいたい想像がつくでしょうが、ベッドでのテクニックが抜群の女性のことです。

でも、ただテクニックがすごいだけではダメです。

相手の男性にいろいろとされるから反応しているだけと見せつつ、実は自分からもちゃんとしかけている女性こそが真の床上手です！

……説明になんだか、力が入ってしまいました。

どうしてかというと、その方が男が満足できるからです。

このオレがすごいから、彼女がこんなふうになる。

男はそう思いたい。実は女性がテクニシャンだったとしても。

男性の体も心も満足させられるのが、正真正銘の床上手といえるでしょう!!

あれっ、また、力が入ってしまった。

もちろん、女性自身だって十分に満足できるのだから、一石二鳥といえるでしょう。

床上手がいいに決まってる！

エッチしたら彼女になれる確率はどれくらい？

エッチしたからといって、相手の女性を彼女にするわけではありません。エッチの相性が悪かった場合は、彼女にしたいとは思いません。その女性の見た目がかわいかったり美人だったりしても、エッチがどうも……という場合は、気乗りしません。また、エッチはいいんだけど、他の要素（例えば、性格など）がどうも……という女性も、男からしたらいるわけですから、エッチと彼女になれるかどうかは、直接的には関係ないといえます。

すぐやらせてくれる女性は、男にとって便利な女性ではあるけど、彼女になれるとは限りません。女性の中には、男性とエッチしたから彼女になれるんだ、と思う女性もいるようですが、それも短絡的な考え方でしかなく、間違っています。エッチという行為に、過度の期待を持つのは禁物です。

いずれにしても、エッチして恋愛関係に発展する確率は五分五分です。確率としてはけして高くはありません。実は女性の方だって同じです。エッチしたからという理由だけで、相手の男性を自分の彼にするとは限らない。男も女も、この件に関してはお互い様です。

五分五分と思ってほしい！

男子はなぜ、一夜だけの関係を望むの？

男がエッチをする理由のひとつに、性欲の処理があります。

性欲の処理……なんとドライな言葉でしょうか。

性欲の処理ですから、早い話がオナニーとあまり変わらないのです。

女性という相手のいるオナニー、そう言っても過言ではありません。

じゃあ、女性は性欲処理の道具じゃないの！

そうなんです、道具なんです。

ひどいわ、そんなの。

と言われても、男としては、いいわけのしようがありません。

そして、道具としての女性とは、一夜だけの関係が望ましいのです。

情が移ってしまうと、相手の女性は道具ではなくなってしまいます。すると、男性にあった当初の目的が変わってしまう。そうならないように、一晩だけの関係で終えるようにします。

客観的に見ると、男って哀しい生き物なんですね。

性欲処理が目的だから！

なぜ「本命」と「セフレ」を、うまく分ける？

ちゃんと彼女がいるのに、セフレともエッチができるし、風俗にも行ける。

男とはそういう動物です。

体と心をはっきり分けられるからです。

心と体、両方の関係、つまり愛を確かめあうのが、本命とのエッチです。

体だけの関係は、セフレ、あるいは、風俗嬢とのそれです。

そして男は、体だけの関係を爽快なものとして感じます。

相手に余計な気づかいをしなくていいからです。

また、動物のオスとしてふるまえます。

さらに、セフレに対しては、彼女にはできないようなプレイも可能です。いろんな道具を使ったりして、セフレを自分の玩具のように扱えるのです。

だからこそ、自分の性欲処理に徹することができます。

ところが自分の彼女だと、そうはいきません。


「愛」があるか、「性欲処理だけ」かで、はっきり分けている！

「セフレ」から「本命」になるチャンスはある？

単なるセフレだったつもりが、いつの間にか彼女のようになっていた。

こういうケースも少なくありません。

男がセフレのことを性欲処理の道具だと言うのは、実は少し強がって、そう言っている場合もあります。男性だって人間なので、心中は複雑です。「彼女はセフレなんだ」と他の男には言っておきながら、セフレの女性と関係を続けていくうちに、愛情を感じてしまうことだってあるのです。

体だけのつながり。

必死にそう思おうとしているのに、実際には気持ちのつながりができてしまう。男としては微妙な感じですが、それをあえて否定はしません。こうして、セフレが彼女となってしまうのです。すると、初めのころの強がりは消え、相手の女性を大切な存在と思うようになります。

でも、これを美談のように思わないでください。

あくまでも男の性欲からスタートしたのですから。

気持ちのつながりができたら、「セフレ」が「本命」に昇格！

つきあってないのに、キスできるのはなぜ？

女性はキスに、大きな意味を持たせます。

しかし、男たちはキスをもっと簡単に考えています。

女性はキスを、ひとつのイメージとしてとらえます。男と女の愛のひとつの証として。そして、美しい一場面として。

それに対して、男はどうか。

イメージはかなり希薄です。

自分の唇で、女性の唇に触れる。

それだけのような……。

つまり、物理的な接触です。

だから、つきあっているかいないかはどうでもよく、簡単にキスできるのです。

接触欲だけですから。

キスしてうっとりしてる男って、まずいないと思います。

唇と唇の接触としか思っていない！

セックスの時、何を考えている？

世の中のほとんどの男たちは快楽主義者ですから、セックスしている時は、ほとんど何も考えていません。

ひたすらセックスに没頭しているだけ。

もちろん、征服欲が満たされているのは確かですが、セックスにのめりこむと、それも忘れてしまいます。

相手の女性の痴態ぶりと、自分の気持ちよさに、思いきり興奮します。

女性の声や表情や腰の動かし方など、男を興奮させる要素はいろいろとあります。目と耳とペニスで、男性は自分の気持ちよさを確認します。

どうしてそんなに没頭するかというと、男性は射精したら快感が消えてしまうからです。言い換えると、快感が女性のように長くは続きません。そこで、なるべく射精するのを先延ばしするようにします。ということは、何かを考える余裕なんてありません。女性のように長時間イキっぱなしではないからこそ、没頭するといってもいいでしょう。


快感が女性のように持続しないからこそ何も考えずに没頭！

「その気」になる、女子からの誘い方は？

女子から男子をセックスに誘う。

さて、その場合、言葉がいいのか、目で誘うのがいいのか？

言葉で誘うのがわかりやすいけど、なかなかいい表現が見つからないし、だからといってストレートなのはムードに欠ける。

だから、やはり目の表情で誘うのがいいと思う。

どんな目をしたらいいのかわからない？

ご心配なく。

あなたが「したい」という気分になっていれば、自然にそういう目つきになっています。

だから、わざわざ演技する必要はありません。

コツは、思いきり淫乱な女性に変身することだけ。

そういう女性こそ、男から見たら魅力的なんです。

「したい」と素直に思える女性になる。難しいことではありません。


言葉ではなく、目つきで誘われたらイチコロ！

ある程度以上の年で処女だったら、引く？

女性はいつまでも処女のままでいるのを、けしていい状態とは思っていないようだ。

じゃあ、男としてはどうなんだろうか？

男にもいろんなのがいるから、中にはドン引きするヤツもいるかもしれない。

しかし、ものは考えようです。

その年まで処女でいるのは、貴重な存在だとも考えられる。

そう思えば、お宝を手に入れたのと同じです。

ビンテージのジーンズが好きな男が、レアなやつを見つけた時のように。

そんなジーンズがコレクションに加わるのだから、大感激するに決まってます。

ずっとバージンのままでいる女性は、レアなお宝なんです。探そうとしたら、簡単には見つからない。

そういう女性に出会えたことを、男は神様に感謝しなければいけない。

したがって、この質問に対する解答は、「かえって感激」です。

レアなアイテムだから、かえって感激！

女子のエッチを嫌がる素ぶりを見たら?

女性の「『嫌よ、嫌よ』は『好き』のうち」という昔の言葉がある通り、わざと嫌なふりをする女性に男は、ますます闘争心を駆り立てられるものです。

本当に嫌なのとそうでないのは、女性の態度を見ていればわかります。

僕は思うんですが、女性が男にすぐさせないのは、じらすのを楽しんでいるからでしょう。

自分がじらした男の様子を見て、実は女性が興奮しているのではないか、とさえ思ってしまいます。

本当はどうかわかりませんが、「嫌よ、嫌よ」と言いながら体の方は逆の状態になっている。これは、男の願望かもしれないけど。

まあ、いずれにしても、女性に引き延ばされると、男としてはこれはもう、「どうしてもやるぞ!!」と闘志を燃やします。

女性がじらすのは、一種の前戯のような気もする。

闘争心に火がつく!

酔っぱらってると、アレが立たないってホント？

ほんの少しのアルコールは、男をエッチな気分にさせる。

でも、飲みすぎたら、エッチな気分はどこかにいってしまう。

その結果、アレが、つまり男性自身が立たなくなってしまう。

ぐでんぐでんに酔っていたら、ちゃんと立っている（アレがではなく、足で）のだってきつい。

エッチも含めて、何かをやろうという気持ちがなくなるのです。道ばたにごろんと寝たくなるような状態では、立つものも立たなくなるのは当たり前です。

ですから、あなたがやる気満々な時は、男が酔っぱらわないように注意しなければいけません。せっかくその気なのに、男性が立たないなんて、悲しいじゃありませんか。

特にお酒に弱い男性には、あまり飲ませない方がいい。

僕なども強くないので、酔うとすぐに眠たくなります。

そんな時は、エッチするような気分ではありません。

エッチの前のアルコールはほどほどに、を合言葉にしましょう。


飲みすぎると、立ちません！

好きな女性が相手でも、立たない時がある？

男はやりたい一心。

女性のあなたは、そう思っているかもしれない。

そしてそれは、半分は当たっているけど、後の半分は外れている。

男性は実は、かなり繊細な神経の持ち主なんです。

やりたい気持ちが強くある反面、エッチの時の女性のちょっとした態度で、やる気をなくす場合もある。

一番いけないのは、相手の男のペニスについて、余計なことを言うパターン。

「○○くんのより小さいわ」

などと言われたら、ペニスは見る見るうちに、しぼんでしまいます。

そんなこと言うわけないじゃないと、女性たちは言うかもしれないけど、いざその場になるとこれがポロッと言っちゃうんです。ほんとです。気のゆるみなんでしょうか？　女性というのは、意外とストレートなところがあるんです。注意しましょう。


「小さい」などの不用意な発言が、引き金となる！

アレが立ちすぎて、できないって聞いたんですが？

立ちすぎて、できない？

それは何かの間違いではないでしょうか。

立ちすぎとは、ビンビンということですから、女性としては、ふにゃふにゃよりもずっといいはずです。

おそらく、立ちすぎてではなく、サイズが大きすぎて痛くて女性が困ってしまう。それを聞き間違えたのでは……。

また、男の側からすれば、立ちすぎぐらいでないと、ちゃんと挿入できません。ちょっとでも柔らかくなったら、入れにくくなります。

ついでに説明しておくと、立ちすぎではない状態を、勃起不全と言います。勃起、つまりぼっきとは、固くなって立つこと。不全とは完全ではないこと。EDとも言います。バイアグラというのを聞いたことありますよね。立たない人を立たせる薬です。

立ちすぎは女性を幸せにする。これが結論です。

「立ちすぎ」ではなく、「大きすぎ」の間違い！

エッチの最中、女子の「もっと」は、うれしい？

セックスの時、女性がうんと乱れた方が男はうれしいものです。

恥ずかしがりやの女性は、出そうな声も押し殺してしまう。

それでは、せっかくのエッチがつまらなくなります。

言葉になってなくてもいい。

とにかく、声を出してほしい。

最初のころは、きっと言葉にはならないはず。

経験をつんでくると、その女性独特の言葉か出てきます。

いろんな言い方があります。

ひたすら「すごい」を連発する人もいるし、「イク」をくり返す女性もいる。また、「死んじゃう」と言う場合もあります。泣いているような声を出す女性も……というふうに千差万別。男たちは、そうした違いを楽しんでいます。

女性の無表情、無反応が、男たちをがっかりさせるのは間違いない。

オーバーなくらいに女性が反応すると、楽しい！

男は皆、騎乗位《きじょうい》が好き？

セックスの体位はいろいろあり、男性の好みの体位も人それぞれ。

だから、男が皆、騎乗位《きじょうい》好きと断定はできない。

でも、かなりの男がこの体位を好むのは、なんとなく納得できる。

ところで、騎乗位とはどんな体位かご存知ですか？

仰向けになった男性の上に女性がまたがり（またがり方には、正面向きと、男性に背を向けるのとの、ふたつがある）、ペニスを手で握って自分の中に導き、入ったら腰を激しく動かすというもの。騎乗とは「馬に乗ること」です。

いろんな体位の中でも、女性が一番積極的な動きをするから、男は非常に楽ちん。ですから皆ではないけど、かなりの男たちがこの体位を好むのは自然です。女性が一方的に奉仕してくれるのですから。そして、男はただ仰向けに寝てるだけでいいのですから。

男は能動的、女性は受動的（受け身）という、セックスの常識に反する体位でもあります。

そういう珍しさも手伝って、男たちに人気があるのかもしれません。

楽ちんなところがいい！

口でくわえられると気持ちいい？

女性の口は、第二の性器なんです。

だから、口でペニスをくわえられようものなら、男は確実に天国にいってしまいます。もちろん、実際に昇天するわけではなく、それぐらい気持ちいいという意味です。

女性の中にはそうするのを拒む人もいるようですが、男性のことをよく知らない女性か、あるいは相手のことが本当に好きではないのかも。相手の男性が好きでたまらないのなら、何でもできるのが女性のはずです。

セックスに関しては、男も女もそうですが、自分の気持ちよさだけを追求するのではなく、相手をいかに気持ちよくさせるかも、重要なポイントとなります。

そういう意味でフェラチオ（口でペニスをくわえたり、舌でなめたりする行為のこと）は、女性ができる男性へのサービスのうちでも一番効果的なものです。

特に舌の使い方の上手な女性は、男にとっては天使のような存在といえるでしょう。

フェラチオは単なるテクニックではなく、女性の愛情の深さの証拠です。

天にも昇るような気持ちよさ！

男は皆、中出しが好き？

中出しという意味は、コンドームをつけずに女性の膣内に精液を直接出すこと。

どうして、コンドームが嫌なのか？

どんなに薄いコンドームだとしても、それがペニスと膣を隔てるのが、男としては嫌いなのです。

もちろん、感触がよくないのが最大の理由です。

コンドーム自体、男たちは不自然だと思っています。

でも、コンドームをどうしても、つけなくてはならない時もあります。

コンドームが嫌いな男性は、そんな時どうするのでしょうか？

ひとつだけ方法があります。

膣外射精がそれ。

発射寸前にペニスを抜いて、女性のお腹などに射精するやり方です。

ただし、高等テクニックなので、初心者の男性には少し難しいかもしれません。

本来、それが一番自然だから！

エッチで、女子の演技を見抜けないのはなぜ？

女性はエッチの時にも、それなりに演技をしているようですが、男たちはほとんどそれには気づきません。

気づかないのは、男性は演技をしないからです。

もうひとつ、理由があります。こちらの理由の方が大きいでしょう。

なぜなら、セックスに関してベテランの感じやすい女性は、本当にイッてしまうからです。女性本人が、何がなんだかわからないといった状態になります。そこまで感じられる女性は幸せだと、僕は思いますが。そして、イッた後、放心状態になるので本当だとわかります。

そういう女性とのエッチを経験していると、かえって演技と本気の見分けがつかなくなります。というよりも、どんな女性も皆ああなるのだと、単純な男性は思い込んでしまうのです。

見分け方としては、終えた後の女性が本当にぐったりしているかどうかですが、現実問題としては、そこまで観察する余裕は男性にはありません。だから、だまされてしまう。

本当にイク女性を経験していると、かえってだまされる！

エッチの間、自分だけ気持ちよくなりがちでは？

自分だけではなく、相手も気持ちよくさせなくてはと、僕は他のところに書きました。

ところが男の中には、自分だけ気持ちよくなればそれでいいという人もいます。

僕からすると、そういう男性はセックスに関して初心者なのです。

女性をじっくり観察する余裕がありません。

女性をうんと気持ちよくさせた結果が、自分に戻ってくるという経験を知らないのです。

例えば、女性の耳元で思いきりエッチな言葉をささやいたら、女性はどうなるでしょうか？

面白いように興奮します。

いわゆる言葉攻めです。

女性によっては、その言葉だけで感じてしまいます。

そんなふうに感じている女性を見て、今度は男性の方が興奮する。

セックスというのは、こうした一種の駆け引きの上に成り立っています。

お子様セックスではない大人の男女のセックスほど、そうした要素が求められています。

ベテランは自分だけでなく、女性のことも常に考えている！

エッチの後、すぐに寝てしまう男が多いけど？

男性にとって、セックスは重労働なんです。

軽いスポーツをした後と、同じぐらいだと思っていいでしょう。

具体的にどれほどの運動量なのかは、専門書で調べてください。

そして、男性の方が女性よりもずっと疲れます。

射精するという行為だけを取り上げてみても、そのことはよくわかると思います。

また、体位についても、男性の方がどうしても力を入れるケースが多いものです。

例えば、腕立て伏せのような姿勢で自分の体重を支えたり。

女性の体の一部を持ち上げたり。

腰を前後に動かしてピストン運動をするなど。

男たちはセックスの最中、けっこう力を出しています。その分女性よりも、体力を消耗するのは当然です。

ですから、男性が性交の後、眠たくなるのは自然だといえます。

セックスで、かなり疲れてしまうから！

エッチ後、腕枕をしてくれないのはなぜ？

セックスした後、やさしく腕枕をしてもらいたい。
これは、女性たちに共通の願いかもしれません。
しかし、男たちはそこまで考えが及ばないのです。
何しろ、疲れきっているので、頭が回りません。
そんなに好きじゃないから、腕枕をしないってことではありません。
好きなんだけど、そうする余力が残っていないのです。
男はセックスに没頭すると、前に書きました。
その通り夢中になるので、それだけ疲れも出るのです。
適当にやればたいして疲れないでしょうが、そういうわけにはいきません。
全力を出し切らないと、やった気分になれない。
女性のように演技して終わり、というわけにはいかないのです。
そこのところを理解してほしいと、男子諸君を代表して僕からお願いします。

そこまで頭が回らないだけ！

性格は合わないけど、体の相性がいい時は？

相手の女性の性格は、今ひとつピンと来ないけど、体の相性がやけにいい場合、男はどうするのか？

男性はセックスだけを目的として、相手の女性との関係を続けたいと思います。これがごく一般的なセフレなら、そこまで相手に執着しません。しかし、相性がいいのがわかりすぎるほどわかっているので、相手の女性を簡単に手放しはしません。男性とは違い女性は、こんな関係はよくないと思うのですが、いったん体が覚えてしまったものを忘れるわけにはいきません。こうして、ずるずると関係が続きますが、ふたりの結婚はありえません。結婚してもうまくいかないのは、目に見えているから。

やがてふたりにそれぞれの結婚相手が見つかり、ふたりの関係は自然解消します。時間の経過が相手を忘れさせてくれるのです。

でも、中にはどうしても相手を忘れられないカップルもいます。そんなふたりがおのおの結婚した後も、体の関係を続ける場合も、まれにはあります。

そういう女性は、なかなか手放す気になれない！

性欲淡白男っていったいどうなってるの？

性欲が淡白な男性も、確かにいます。

体質的なものだから、そういう男はずっとそのままです。

長期間女性とセックスしなくても、本人は平気でいられます。

だからって、ゲイではありません。

淡白男は自分の淡白なところを、まったく苦にしないから淡白でいられるのです。

性欲はやたらにあるのに立たないのとは、基本的に違います。

彼にとっては、女性を見てもセックスしたいと思わないのが普通なんです。

全体からするとごく少数ですが、こういう男性がいるのは事実です。

当然ながら、彼のような人はプラトニック・ラブを好みます。プラトニックとは、精神的な、という意味です。女性たちにこういう男性は、おすすめしません。いくら彼がかっこよくて優しくても、女性が欲求不満になってしまうからです。何も絶倫男でなければならないなんて言いませんが、人並みの性欲がある男を彼に選ばないと、女性は不幸になるでしょう。


どうもこうも、それが彼にとっては自然なのです！

彼女の過去の男性経験は、絶対知りたくない？

どんな男でも、自分の彼女の過去の男のことなんて聞きたくない。

だって、そんなの聞かされても、何にも面白くないから。

だから、女子はそれを今の彼氏に、絶対にしゃべってはいけません。

ただし、唯一の例外があります。

エッチの時です。

もちろん、それを聞きたいと男に言われた場合に限ります。

性体験の豊富なベテラン男性になると、彼女の過去の男とのエッチをこと細かく話させて、自分が興奮する材料にします。

彼女が他の男とやっている場面を想像する。それはつまり、自分の彼女が他の男に犯されているイメージにつながります。

「これこれこういうふうにされたのよ」

などと、女性に言われるのが、男性にとって強烈な刺激となります。


知りたくないけど、エッチの時には役立つケースもある！

セックスレスになる、主な原因とは？

あんなにエッチをしたがっていた男性が、急に求めて来なくなった。

いったいどうしてなんだろうと、女性たちが疑問に思うのは当然です。

答えを先に言ってしまうと、男性がエッチにあきてしまったのです。

エッチにあきたということは、この私にもあきたということ？

そこのところは、非常に微妙です。

厳密に言うと、あなたとのエッチにあきた、ということです。

あなたにあきた、というのとは違います。

いつも同じような場所でエッチをするのも、マンネリになる原因のひとつです。

解決方法としては、いろんな場所でやってみることです。

それと、いつも同じ起承転結のエッチにも原因があります。

そうならないためには、普段ありえない演出を試みます。例えば彼にレイプされるという設定にして、目先を変えてみるのもいいかもしれません。

原因はマンネリしかない！

Chapter

10

失恋の痛手から、なかなか立ち直れない男たち

別れ話で「ひとりで考えたい」と言い出すのはなぜ？

別れについて女性と話しあうのは、正直あんまりしたくないというのが、大半の男たちの意見です。

どうしてなのか？

女性の話が論理的でなく、理屈が通じないからなのです。

男としては、別れについても理路整然と考えたいのに、女性は必ずしもそうではありません。だいたいの場合、女性は冷静ではなくなります。女性の方から別れ話を切り出す場合でも、感情的な理由が多く、話がかみあいません。ややこしくなるだけです。

そうなると、別れについて自分なりに整理をするために、男にはひとりでゆっくり考える時間が必要なのです。

男と女のものの考え方には違いがあるので、ふたりでいくら話しあっても、ほとんど意味がない。それがよくわかっているので、ひとりで考えた方がましだと思うのです。

女性と話すとややこしくなるから！

別れ話をすると、なぜ納得するまで理由を聞くの？

女性の考えている別れの理由を聞くのは、ひとりで考える時の参考にしたいからです。別れについて女性と話しあいはしたくないけど、理由だけはちゃんと聞いておきたい。でも多くの場合、聞けば聞くほどわからなくなります。

女性自身、相手の男性にうまく説明できないからです。

男たちが一番理解しにくいのが、女性がよく言う「嫌いになったわけじゃないの」という不思議な台詞です。

男の理屈としては、嫌いになったから別れるわけで、嫌いになったわけではないのなら、どうして別れるのか、まったくわかりません。

ですから、女性にとことん理由を聞かないと、納得できません。それを女性たちは、しつこい、あるいは、理屈っぽいと感じるのでしょう。簡単に言えば、女性が男性と別れたい気持ちは、理屈では説明できないのでしょう。しかし、男はそれをきちんとした理屈で説明してほしいと要求するのです。この食い違いは、永遠に未解決のままだと思います。

女性の言う理由は、理屈になっていないから！

「いい友だちに戻ろう」が通じないのはなぜ？

不思議な台詞「嫌いになったわけじゃないの」に次ぐのが、この「いい友だちに戻りましょう」です。このふたつは関連しています。

嫌いになって別れるわけではないから、いい友だちに戻りましょう。

そう女性は言いたいわけですが、男には女性が問題をはぐらかしているように思えます。

だって、そこにある事実は別れることなのです。別れるのにどうして今さら友だちに戻れるのか、男の疑問はそこにあります。

恋人としてはつきあいたくないけど、男友だちとして相手と関係を続けていきたい。

なんて自分勝手な希望なのでしょう。

女性にとってだけ、メリットのある申し出としか言えません。

それをＯＫするほど、男はお人好しではありません。

女性のものの考え方には、男には想像もつかないところがある。

そうとだけ言っておきましょう。

一度別れたのに、どうして?!

？フラれたら、男子はどうやって立ち直る？

女性が男性にフラれた場合は、もっといい女になっていい男をつかまえて、自分をフッた男性を見返してやる、と思うのかもしれません。

では、男はどうやって元気さを取り戻すのでしょうか？

男はいったん、インターバルを取ります。

恋愛を休むのです。

失恋した男は、女性の存在をしばらくの間、忘れようとします。

女性にフラれたのが、彼にとってかなりの痛手であることは否定できません。

そこで、女性や恋愛のことを忘れて、仕事に精を出します。

やっぱり仕事だ！

そう自分に言い聞かせます。

女よりも仕事。

そう割り切ってしまうのが、男が失恋から立ち直る、手っ取り早い方法です。

女なんか関係ないと、仕事に精を出す！

別れを引きずるのは、女より男？

男が失恋を引きずるとは、以下のようなことです。男は、別れた相手の女性のことではなく、失恋したという現実の方を引きずります。

彼女が忘れられないというよりは、女性にふられたショックが忘れられません。

非が自分の方にあったとしても、男はショックを強く受けます。

したがって、次の恋を見つけるまでには、相当の時間がかかります。

女性のように2、3日泣いたらけろっと忘れて、次の恋をさがすというわけにはいきません。

現実に適応する能力が、男は女よりも劣っているようです。

多かれ少なかれ、女性恐怖症になります。

女はもうコリゴリ。

そう思います。

人によっては半年ぐらい、女性から遠ざかる場合もあります。

それほど、男にとって失恋というのは、大きな痛手なのです。


女はもうコリゴリと、半年くらい女性から遠ざかる場合も！

【著者プロフィール】

赤羽建美（あかばね・たつみ）

作家。東京都出身。青山学院高等部を経て、早稲田大学第一文学部卒業。高校の国語講師、週刊誌編集者、フリーカメラマン、女性誌「ギャルズ・ライフ」編集長などを経験。短編小説『住宅』で、文学誌『文学界』新人賞受賞、その後、芥川賞候補に。小説・エッセイとも、性別を問わず多くの読者を得ている。

主な著書

『男が「魅力的だ」と思う女性 47 の共通点』（三笠書房）
『なぜか好かれる女性 50 のルール』（三笠書房）
『飽きられる女、愛される女』（永岡書店）
『男が女に、女が男に聞きたい 50 質問』（永岡書店）
『美人のひと言』（ＰＨＰ研究所）
『なぜＡさんは好かれてＢさんは好かれないのか』（ダイヤモンド社）
『女の簡単ルール 100』（ネコパブリッシング）
『すぐ！モテ』（九天社）

他、多数

オトコゴコロ

摩訶《まか》不思議な「男子」についての質疑応答150

2008年6月22日　　初版第1刷発行

著　　者　赤羽　建美
発 行 者　佐野　裕
発 行 所　トランスワールドジャパン株式会社
〒150-8575 東京都渋谷区渋谷2－22－3　渋谷東口ビル11F
TEL 03-5778-8599　FAX 03-5778-8590
印刷・製本所　株式会社シナノ
ISBN978-4-86256-028-5

カバーデザイン　大森 由美
本文デザイン・DTP　奥村 直人（BOOMER）